JN001016

タスクベースで学ぶ日本語

中級 3

Task-Based Learning Japanese
for College Students

国際基督教大学 教養学部 日本語教育課程　著

スリーエーネットワーク

Published by 3A Corporation.
Trusty Kojimachi Bldg., 2F, 4, Kojimachi 3-Chome, Chiyoda-ku, Tokyo 102-0083, Japan

ISBN978-4-88319-920-4 C0081

First published 2023
Printed in Japan

はじめに

　本シリーズは中級レベル（CEFR の B1 〜 B2 レベル）の日本語の習得を目指して開発された総合的な教科書です。中級レベルを 3 つに分け、取り上げるテーマやタスクを身近で取り組みやすいものから徐々に複雑で抽象的なものへと配置し、3 巻のシリーズとしました。各巻には 7 つの課とプロジェクトがあります。

　各課の構成は全巻共通となっています。どの課にも学習者のニーズや興味に合わせたテーマを設定しており、学習者は個人あるいはペアやグループでそのテーマについて考え、理解を深めるさまざまなタスクに取り組みます。クラスメートとのやりとりや協働作業が多いのは、それらの活動を通して相対的な視点を持って他者と対話することを学べるようにという意図からです。また、適切な情報の取捨選択ができるようになるために、情報検索のタスクも取り入れています。

　各課の中心となるメインタスクでは、聞く、読む、話す、書く、やりとりなどの技能のいずれかに焦点をあてています。テーマについて考える上で必要となる概念を活性化させたり、言語知識や言語スキルについての気づきを促したりすることを通して、日本語の力を高めるとともに、テーマについての理解や思考もまた深めることができるようになっています。これが本シリーズの大きな特徴です。

　国際基督教大学（ICU）の日本語教育課程は、多様な文化や価値観の中で相対的な視点を持ち、社会に貢献できる人の育成を目指すことを理念として掲げてきました。そのため、日々の学びを通して、大学生活で必要な日本語力はもちろんのこと、客観的、相対的、多角的な視点を持って思考し学術的活動ができる力、そして、問題解決能力、情報収集能力、主体的に学び続ける力を培うことを目指しています。

　また、近年は、タスクに基づく言語教育（Task-Based Language Teaching）にも取り組んできました。ここで言うタスクとは、学習者が日常生活、学業、仕事などの場面で遭遇し、遂行しなくてはならない課題のことです。数多くのタスクの中から大学生として在学中や卒業後に出合うものを選び、初級から上級までの各レベルにおいて、どのタスクに焦点をあててカリキュラムをデザインすれば学生の力がよりよく伸ばせるかを検討し、授業を行っています。その一部である中級レベルの授業内容を結実させたものが本シリーズです。

　昨今、世界的な情勢の変化に伴い、さまざまな分野においてオンライン化が急速に進んでいます。ICU でもオンライン授業を行ってきましたが、本シリーズの試用版で学んだ学習者からは「オンラインの授業でも、対話の機会が十分にあった。」「直接会わなくても、授業を通して相手の考えを深く知ることができ、自分の考え方も変わった。」などの声が寄せられています。

　本シリーズで学んだ学習者が、日本語を用いて生き生きと活動し、社会で活躍していくことを、心から願っています。

2023 年春　　執筆者一同

目次　Contents

はじめに

学習項目一覧

課	タイトル	目標		タスク	聞く	読む	話す	書く	やりとり
1	動物と暮らすってどんなこと?	動物と人間の関わりについて考えた上で、動物介在教育についてのインタビュー動画を視聴し、理解することができる。	プレ	自分の経験や考えを話す					○
			プレ	新聞の投書を読む		○			
			メイン	**インタビューの動画を見る**	◎				
			ポスト	自分の考えを書く				○	
2	私の町は魅力的?	イベントで観光が活性化した地域についてのブログ記事を読み、観光を活性化させるために必要なことを調べ、話すことができる。	プレ	自分の考えを話す					○
			プレ	調べた情報を読み取り話し合う					○
			プレ	発表を聞く	○				
			メイン	**ブログ記事を読む**		◎			
			メイン	**調べたことを発表する**			◎		
			ポスト	提言を書く				○	
3	あなたにとって大切なものは?	人々にとって大切なこと・ものは何かを調査データ等の結果をふまえた上で考え、文章を書くことができる。	プレ	自分の考えを話す					○
			プレ	情報を読み取る		○			
			プレ	読み取った情報をもとに話す			○		
			メイン	**調べたことをもとにレポートを書く**				◎	
			ポスト	レポートに書いたことを発表する			○		
			ポスト	発表の要点を聞きメモを取る	○				
4	「幸せ」って何だろう?	幸福度について指標の異なるランキングから読み取った情報をもとに自分の考えをまとめて、発表することができる。	プレ	自分の考えを話す					○
			プレ	情報を読み取る		○			
			プレ	資料を見て話し合う					○
			メイン	**調べたことをもとに発表する**			◎		
			ポスト	発表したことをレポートに書く				○	
5	「○○らしい」とは?	文化による捉え方の違いの観点から述べられた「居眠り」の社会的機能に関する文章を読み、筆者の主張を理解することができる。	プレ	自分の経験や考えを話す					○
			プレ	会話を聞く	○				
			メイン	**文章を読む**		◎			
			ポスト	意見文を書く				○	
6	「もったいない」は地球を救う?	食品ロスの問題について短い講義を聞いて要点を理解し、講義の内容についてコメントシートを書くことができる。	プレ	自分の考えを話す					○
			プレ	記事を読む		○			
			メイン	**講義の動画を見る**	◎				
			メイン	**コメントシートを書く**				◎	
			ポスト	コメントについて話し合う					○
			ポスト	調べたことを発表する			○		
7	社会の中の「私」とは?	ある学生の体験を聞き、要点を理解した上で、今後自分自身がどのような形で社会と関わりたいか話すことができる。	プレ	自分の経験や考えを話す					○
			プレ	動画を見る	○				
			メイン	**発表を聞く**	◎				
			メイン	**発表する**			◎		
			ポスト	発表について話し合う					○
			ポスト	調べたことについて話し合う					○
	プロジェクト						◎	◎	◎

文型・表現	漢字の言葉
1) Ａくて／ＡＮで／Ｖたくて／Ｖて＋たまらない 2) Ｎ１はもちろん（のこと）、Ｎ２も 3) しかも 4) Ｓ(p)＋に違いない 5) Ｖ(る、ない)＋わけにはいかない 6) Ｖないでは／Ｖないずには＋いられない	思い浮かべる　飼う　救助　実験 鳴く　生態系　絶滅　教育 被災　価値　殺す　存在 検査　笑顔　普及　報告 期待　想像　壊れる　探す
1) Ｎにわたって、Ｎにわたり、Ｎ１にわたるＮ２ 2) Ｎにおいて、Ｎ１におけるＮ２ 3) Ｎを通して、Ｎを通じて 4) あたかもＳ(p)（かの）／Ｎの＋　ようだ／ようなＮ／ようにＶ／Ａ／ＡＮ 5) Ｓ１(Ｖる)＋につれ(て)、Ｓ２ 6) Ｎ１からＮ２にかけて 7) Ｓ１。そこでＳ２。	魅力　訪れる　提言　観光 検索　都道府県　芸術祭　筆者 船　夕暮れ　減少　移住者 増加　再開　活性化　農業 残念　家庭　負担　意識
1) Ｖ(p)ほどＡ／ＡＮ、Ｖ(p)ほどだ 2) Ｎ１が／はＮ２のＮ３を占めている 3) Ｎを上回る、Ｎを下回る 4) Ｓ１(p)ことから、Ｓ２ 5) Ｓ(p)と言える、Ｓ(p)と言えよう 6) Ｎが明らか　になった／となった 7) 名詞句	重視　福祉　趣味　観戦 順位　以降　傾向　調査 実施　年齢　世論　今後 健康　資産　選択肢　手軽 販売　圧倒的　収入　面接
1) Ｎ次第だ、Ｎ次第で 2) Ｘにもかかわらず、Ｙ 3) 〜ば〜ほど 4) Ｎはともかく（として）、〜 5) Ｎからすると、Ｎからすれば、Ｎからして 6) Ｖない＋ざるを得ない	瞬間　幸福　次第　比較 概要　普段　主観的　客観的 労働　失業率　貯金　犯罪 医療　平均　段階　項目 支援　寄付　不満　発達
1) Ｓ(p)からと言って〜ない 2) Ｓ(p)とは限らない 3) Ｓ１(p)とはいえ、Ｓ２ 4) Ｖ(る、ない)／Ｎ＋よりむしろ 5) Ｖ(る、ない)＋ものだ、Ｖ(る)＋ものではない 6) Ｖた／Ａい／ＡＮな＋ことに	眠る　姿勢　説得力　前提 条件　秩序　精神　重要 程度　感覚　距離　道徳的 迷惑　事態　確保　義務 結論　決済　指摘　解釈
1) Ｖたこと／Ｖたの／Ｎ＋を受け 2) Ｓ(p)として 3) そもそも 4) ＷＨ／ＷＨ句／ＷＨ文(の)＋かと言うと 5) Ｖます＋かねない 6) Ｖます＋ようがない／ようもない 7) せっかくＶた／せっかくのＮな　＋　のだから／のに	持続可能　賞味期限　消費　食糧 廃棄　資源　対策　削減 競争　需要　流通　密接 汚染　総合的　考察　責任 生産　過程　供給　輸入
1) Ｓ(p)＋こともあって／こともあり 2) ただ 3) なかなか 4) 強調したい時に使う表現 　①Ｎ(で)さえ 　②Ｖ(p)／Ｎ＋くらい／ぐらい 　③Ｖる／Ａい／ＡＮな／Ｎ＋どころか	一員　課題　触れ合う　貢献 関わる　専攻　充実　得る 進路　開発　発展途上国　接点 交流　刺激　現状　携わる 意義　解決　就職　起業

List of Study Items

Section	Title	Goal		Task	Listening	Reading	Speaking	Writing	Interaction
1	What is it like to share your life with animals?	Can think about the relationship between animals and humans, and then watch and understand an interview about animal-assisted education.	プレ	Talk about your experiences and thoughts					○
				Read some contributions published in newspapers		○			
			メイン	**Watch a video of an interview**	◎				
			ポスト	Write about your thoughts				○	
2	What are the most attractive features of my neighborhood?	Can read a blog post about a local area where the hosting of an event has revitalized tourism, research what is necessary to revitalize tourism, and talk about this.	プレ	Talk about your thoughts					○
				Interpret information you have re-searched and hold discussions together					○
				Listen to a presentation	○				
			メイン	**Read a blog post**		◎			
				Give a presentation on what you have researched			◎		
			ポスト	Write a proposal				○	
3	What things are most important to you?	Can think about the results of a survey with data about what concepts or objects are important to different individuals, and write an essay about this.	プレ	Talk about your thoughts					○
				Interpret information		○			
				Talk based on the information that you have interpreted			○		
			メイン	**Write a report based on what you have researched**				◎	
			ポスト	Give a presentation on what you have written in the report			○		
				Listen to the main points of a presentation, and take notes	○				
4	What does "happiness" mean?	Can summarize your own thoughts about information interpreted from different happiness indices, and give a presentation on this.	プレ	Talk about your thoughts					○
				Interpret information		○			
				Look at materials and hold discussions together					○
			メイン	**Give a presentation on what you have researched**			◎		
			ポスト	Write a report on what you have presented				○	
5	What does "~ rashii" mean?	Can read an essay on the social function of "napping," written from the perspective of differences in how this is perceived by different cultures, and understand the opinion of the writer.	プレ	Talk about your experiences and thoughts					○
				Listen to a conversation	○				
			メイン	**Read an essay**		◎			
			ポスト	Write an opinion statement				○	
6	Will "mottai nai" (It is a waste to ...) save the planet?	Can listen to a short lecture on the problem of food waste, understand its main points, and fill in a comment sheet about the contents of the lecture.	プレ	Talk about your thoughts					○
				Read an article		○			
			メイン	**Watch a video of a lecture**	◎				
				Fill in a comment sheet				◎	
			ポスト	Hold discussions together on the comments					○
				Give a presentation on what you have researched			○		
7	What is an "individual," in the context of society?	Can listen to the experiences of a student, understand the main points, and then talk about the way in which you as an individual want to engage with society in the future.	プレ	Talk about your experiences and thoughts					○
				Watch a video	○				
			メイン	**Listen to the presentations**	◎				
				Give a presentation			◎		
			ポスト	Hold discussions together on the presentations					○
				Hold discussions together on what you have researched					○
	Project						◎	◎	◎

Sentence Patterns and Expressions	Kanji Words
1) A くて／AN で／V たくて／V て＋たまらない 2) N1 はもちろん（のこと）、N2 も 3) しかも 4) S(p) ＋に違いない 5) V（る、ない）＋わけにはいかない 6) V ないでは／V ないずにはいられない	思い浮かべる　飼う　救助　実験 鳴く　生態系　絶滅　教育 被災　価値　殺す　存在 検査　笑顔　普及　報告 期待　想像　壊れる　探す
1) N にわたって、N にわたり、N1 にわたる N2 2) N において、N1 における N2 3) N を通して、N を通じて 4) あたかも S(p)（かの）／N の＋ ｛ ようだ 　　　　　　　　　　　　　　　　　ような N 　　　　　　　　　　　　　　　　　ように V／A／AN 5) S1（V る）＋につれ（て）、S2 6) N1 から N2 にかけて 7) S1。そこで S2。	魅力　訪れる　提言　観光 検索　都道府県　芸術祭　筆者 船　夕暮れ　減少　移住者 増加　再開　活性化　農業 残念　家庭　負担　意識
1) V(p) ほど A／AN、V(p) ほどだ 2) N1 が／は N2 の N3 を占めている 3) N を上回る、N を下回る 4) S1(p) ことから、S2 5) S(p) と言える、S(p) と言えよう 6) N が明らか ｛ になった 　　　　　　　　　 となった 7) Noun phrase	重視　福祉　趣味　観戦 順位　以降　傾向　調査 実施　年齢　世論　今後 健康　資産　選択肢　手軽 販売　圧倒的　収入　面接
1) N 次第だ、N 次第で 2) X にもかかわらず、Y 3) ～ば～ほど 4) N はともかく（として）、～ 5) N からすると、N からすれば、N からして 6) V ない＋ざるを得ない	瞬間　幸福　次第　比較 概要　普段　主観的　客観的 労働　失業率　貯金　犯罪 医療　平均　段階　項目 支援　寄付　不満　発達
1) S(p) からと言って～ない 2) S(p) とは限らない 3) S1(p) とはいえ、S2 4) V（る、ない）／N ＋よりむしろ 5) V（る、ない）＋ものだ、V（る）＋ものではない 6) V た／A い／AN な＋ことに	眠る　姿勢　説得力　前提 条件　秩序　精神　重要 程度　感覚　距離　道徳的 迷惑　事態　確保　義務 結論　決済　指摘　解釈
1) V たこと／V たの／N ＋を受け 2) S(p) として 3) そもそも 4) WH／WH 句／WH 文（の）＋か＋と言うと 5) V ます＋かねない 6) V ます＋ようがない／ようもない 7) せっかく V た　｝＋｛ のだから 　　せっかくの N な　｝　｛ のに	持続可能　賞味期限　消費　食糧 廃棄　資源　対策　削減 競争　需要　流通　密接 汚染　総合的　考察　責任 生産　過程　供給　輸入
1) S(p) ＋こともあって／こともあり 2) ただ 3) なかなか 4) Expressions used to emphasize something 　①N（で）さえ 　②V(p)／N ＋くらい／ぐらい 　③V る／A い／AN な／N ＋どころか	一員　課題　触れ合う　貢献 関わる　専攻　充実　得る 進路　開発　発展途上国　接点 交流　刺激　現状　携わる 意義　解決　就職　起業

このテキストの使い方

1.『中級3』のコンセプト

このテキストは、CEFR B1レベル後半に到達した学習者が、B2レベルの力をつけるための教材です。あるテーマやトピックについて日本語で学ぶことを通して、日本語の力と、内容を理解して思考する力の両方を身につけることを目指しています。

授業では、日本語を使ったさまざまなタスクに挑戦します。そして、それらのタスクを行う時の支えとなる言語知識（語彙、文法・表現、漢字の言葉など）や言語スキル（メモの取り方、情報の集め方、発表のし方、文書の書き方など）を学びます。これらをタスクの中で繰り返し使っていくことによって、理解するだけではなく、できるようになります。『中級3』では、より社会的で、大学の授業でも出合うようなアカデミックな話題が多くなり、タスクも個人、ペア、グループで行うさまざまなタイプのもので構成されているので、1冊を通して学ぶことでB2レベルの力が自然と身についていきます。

また、このテキストでは自律的に学ぶこと、対話から学ぶことも大切にしています。日本語のクラスでは、さまざまな文化的背景を持つ学習者が集うこともよくあります。多様な価値観を持つ仲間との協働的対話を通して、自分の視野を広げ、深い思考力を身につけることができるでしょう。

2. 構成

このテキストは、7つの課とプロジェクトで構成されており、各課にはそれぞれ決まったテーマがあります。各課にはプレタスク、メインタスク、ポストタスクがあり、それらを通じて、テーマに関する内容と日本語を多角的に学びます。また、言語形式に焦点を当てるための「文型・表現」と「漢字の言葉」のページ、そして、その課での学びを内省するための「振り返り」のページもあります。プロジェクトは、このテキストで学んだことを総合的に使いながらアカデミックな日本語スキルを学ぶ場として設定されています。

A. 各課の構成

1）テーマ

CEFR B2レベルを目指す学習者のニーズや興味に合うものを選びました。社会とのつながりが感じられるもの、学習者が大学の授業で出合うアカデミックな話題について議論する際の足掛かりとなるようなもの、知的好奇心を刺激するものが中心になっています。

2）プレタスク

　その課のテーマについて、自分が知っていることを共有したり、基本的な知識を得たりするためのタスクが中心です。背景知識を活性化させるためのタスクのほか、聞くタスク、読むタスクを通じて豊富なインプットが得られ、次のメインタスクを行う準備になります。なお、プレタスクの段階では、テーマについての言語知識が十分でなくてもタスクに取り組めるように、各ページの下に語彙のリストを入れ、必要な語彙が理解できるようにしています。

3）メインタスク

　その課の最も中心的なタスクがメインタスクです。『中級3』では、「聞く」「読む」「話す」「書く」のタスクを行いますが、その全ての過程に「やりとり」も含まれています。内容が難しいものや時間のかかるものもありますが、いくつかの段階を踏みつつ、教師や仲間とともに取り組むことで、最終的にそのメインタスクが達成できるような工夫がされています。

4）文型・表現

　プレタスク、メインタスクでは主に内容や意味に焦点を当てて学びますが、ここで一度立ち止まり、言語の形式に注意を向けるのが「文型・表現」のページです。『中級3』では、プレタスクやメインタスクで出てきたものに加え、一部ポストタスクで使用するものも取り上げています。各課のテーマの内容を理解する時に鍵となるもの、タスクを行う上で役に立つものを主に選んでいます。

5）ポストタスク

　プレタスク、メインタスクで学んだことを別の角度から振り返るのが、このポストタスクです。その課の内容に対する自分の考えを日本語で書いたり発表したりする、関連する話題について日本語や母語で調べたことを日本語で紹介するなどの創造的・発展的な活動に取り組みます。

6）漢字の言葉

　各課に出ている語彙で、タスクに取り組む上で学習者が知っていると良いと思われる漢字で表記するものを「漢字の言葉」として選びました。1課につき20語、計140語あります。プレ・メイン・ポストタスクで使っていた言葉が漢字だけで示された場合でも読めるかを確認します。続いて、各課のテーマに関する質問文を使ってやりとりをします。それによって、漢字を読んで意味を理解した上で、聞いたり話したりするという総合的な練習ができます。また、そのテーマについて自分がどれだけ話せるようになったかを実感することができます。

7）振り返り

　その課のタスクがどれぐらいできたかを振り返ります。できなかったものは、次にどうするかを自分で考えたり、教師からアドバイスをもらったりします。また、その課のテーマに関してどのようなことに気が付き、どのようなことを考えたかを内省し、それを日本語で表現します。

B. プロジェクト

　『中級3』のテーマの中から特に興味があるものを選び、トピックを絞って問いと仮説を立て、それらを検証するために日本語でインタビューをします。そして、インタビューで得た情報を分析し、その結果をまとめて発表し、レポートを書きます。この過程を通じて、必要な情報を集める、分析をする、スライドを作って発表する、基本的な形式で約2,000字のレポートを書く等のアカデミックな日本語のスキルを身につけます。

3. ルビについて

　『中級3』では、初級で学んでいると考えられる漢字の言葉にはルビを振っていません。「漢字の言葉」はプレ・メイン・ポストタスクでルビがついていたものを含めて全てにルビがついていません。

4. 学習の流れ

　第1課から順に学ぶことによって、B2レベルの様々なタスクが無理なく達成できるようにデザインされていますが、1課ごとに完結していますので、興味があるテーマや、やってみたいタスクの課を選んで学ぶことも可能です。また、各課と並行してプロジェクトを進めることもできます。課題として、「漢字の言葉」練習シートや「文型・表現」練習シートもあります。

ICUの例（1日70分×2コマ、週4日の授業）

	1日目	2日目	3日目	4日目
授業 (70分× 2コマ)	前の課のクイズ プレタスク	メインタスク	文型・表現 漢字の言葉	ポストタスク 振り返り
課題		メインタスクの課題 「漢字の言葉」 練習シート	「文型・表現」 練習シート	

5. 文法用語の凡例

N	名詞	V	動詞
AN な	な形容詞	V る	動詞の辞書形
AN	な形容詞の「な」をとった形	V た	動詞のた形
A い	い形容詞	V て	動詞のて形
A ~~い~~	い形容詞の「い」をとった形	V ~~ます~~	動詞のます形の「ます」をとった形
N する	名詞＋する	V ない	動詞のない形
WH	疑問詞	V ~~ない~~	動詞のない形の「ない」をとった形
S	文	V ば	動詞の条件形
S(p)	普通形で終わる文。2つの文を示す必要がある場合は、次のようにする：S1(p)、S2(p)	V よう	動詞の意向形
		V（ら）れる	動詞の受身形
		V(p)	動詞の普通形
		V(affirmative)	動詞の肯定形

6. 補助教材

以下の教材が、https://www.3anet.co.jp/np/books/4044/ にあります。

1.「漢字の言葉」練習シート
2.「文型・表現」練習シート
3. コメントシート（第6課で使用）
4. リスニングのスクリプトと音声
5. 動画のスクリプトと動画

How to Use this Textbook

1. Concept of *Task-Based Learning Japanese for College Students Intermediate 3*

This textbook is designed for learners who have attained Common European Framework of Reference (CEFR) Level B1.2, and aim to attain Level B2 going forward. Through learning about various topics and themes in Japanese, this textbook aims to enhance both ability in Japanese and the ability to understand various contents while thinking deeply about them.

In classes, learners will take up the challenge of completing various tasks using Japanese. Learners will also acquire the knowledge in Japanese (vocabulary, grammar and expressions, kanji words, etc.) and the language skills (how to take notes, gather information, give presentations, write essays, etc.) which will support them when carrying out these tasks. By repeatedly using such knowledge and skills while undertaking various tasks, learners will not only come to understand such knowledge and skills, but will also be able to put them into practice. *Intermediate 3* has an increased number of social and academic topics that are likely to be encountered in university classes, and covers a variety of tasks, including those to be done individually, in pairs, or in groups. Given this content and structure, learners are able to naturally master skills of Level B2.

This textbook also places emphasis on autonomous learning and learning through dialogue. Japanese classes often bring together learners with a wide variety of cultural backgrounds. By holding collaborative discussions with peers with many different values, learners can broaden their mindsets and acquire the ability to think deeply.

2. Structure

This textbook consists of seven lessons and a project, with a set theme for each lesson. Each lesson has a Pre-Task, Main Task and Post-Task. By completing these, learners can learn the contents and Japanese pertaining to each theme in a multifaceted manner. Each lesson includes pages featuring Sentence Patterns and Expressions and Kanji Words which focus attention on certain language forms, as well as Self-reflection for reflecting more deeply on the lesson. The project section is intended to give learners the opportunity to acquire academic Japanese skills while making comprehensive use of what they have learned from the textbook.

A. Structure of each lesson

Pre-Task　　Main Task　　Sentence　　Post-Task　　Kanji Words　　Self-
　　　　　　　　　　　　Patterns and　　　　　　　　　　　　reflection
　　　　　　　　　　　　Expressions

1) Theme

To help learners who are studying for CEFR Level B2, themes that meet the needs and interests of learners have been selected. The focus of the themes is to help learners feel connected to society, prepare learners for discussing the academic topics they will encounter in university classes, and stimulate intellectual curiosity.

2) Pre-Task

This consists primarily of tasks in which learners share what they already know about the theme of the lesson, and acquire basic knowledge. Pre-Task serves as preparation for the following Main Task. Learners receive a wide range of inputs from the task to activate background knowledge as well as from listening and reading tasks. Vocabulary lists are shown at the bottom of the page to help learners understand necessary vocabulary to engage in the task, even without sufficient linguistic knowledge about the theme.

3) Main Task

The primary task for each lesson is called Main Task. In *Intermediate 3*, there are tasks for "Listening," "Reading," "Speaking," and "Writing." "Interaction" tasks are included in each of them. Some tasks are difficult and time consuming; however, learners should be able to complete them by working together with teachers and peers while going through several steps.

4) Sentence Patterns and Expressions

While Pre-Task and Main Task focus mainly on learning content and meaning, the Sentence Patterns and Expressions pages bring learners' attention to the language forms. In *Intermediate 3*, these are the items that have come up in the Pre-Task and Main Task, as well as some of the items which learners will use in the Post-Task. The items selected are primarily items that are essential for understanding the contents of the theme of the lesson, or which are considered useful when learners undertake the various tasks.

5) Post-Task

Post-Task is where learners look back on what they learned in Pre-Task and Main Task from a different angle. Learners in *Intermediate 3* will tackle creative and developmental activities such as writing their own thoughts and giving presentations in Japanese about the lesson content, as well as giving presentations in Japanese on what they have researched in both Japanese and their native languages about related topics.

6) Kanji Words

Kanji Words consists of a selection of vocabulary written in kanji that has come up in each lesson and whose knowledge is considered beneficial for learners in order to tackle the various tasks. There are 20 kanji words per lesson, amounting to 140 in total. The intention is to confirm whether learners can read words used in Pre-Task, Main Task, and Post-Task when they are written in kanji only. Learners will then interact with each other using written questions relating to the theme of the lesson. This will enable learners to engage in comprehensive practice by first reading the kanji, understanding their meaning, then listening to and saying them. Learners will also be able to get a true sense of the extent to which they themselves have acquired the ability to talk about the theme.

7) Self-reflection

Learners reflect on how well they can complete the tasks in the lesson. For items which they have not mastered, they themselves consider what they should do next and also receive advice from teachers. They also reflect on what insights they have gained and what they thought about the theme of each lesson, and describe them in Japanese.

B. Project

Learners each select one of the themes of *Intermediate 3* that is of particular interest to them, narrow it down to a particular topic, set out a point of inquiry and hypothesis, and then conduct an interview in Japanese to verify this. Then, learners analyze the information they have gained from the interview, give a presentation summarizing the results of this analysis, and write a report on it. In this process, learners improve their academic Japanese skills by gathering necessary information, conducting analysis, creating slides, giving a presentation, and writing a report using a basic format of around 2,000 characters in length.

3. Kana readings (Ruby, furigana)

Throughout *Intermediate 3*, kana readings are not provided for the kanji words that learners are assumed to have learned at the elementary level. In Kanji Words, no kana readings are provided, not even for kanji words that come with kana readings in Pre-Task, Main Task, and Post-Task.

4. Study Process

The study process is designed to enable learners to achieve Level B2 without undue difficulty by studying the lessons in order from Lesson 1. At the same time, each lesson is designed as a standalone unit; thus, learners can choose and learn a particular lesson featuring a theme they are interested in or a task they wish to try. Learners can also work through the project in parallel with each lesson. There are also Kanji Words practice sheets and Sentence Patterns and Expressions practice sheets for exercises.

ICU Example (1 day/70 minutes × 2 slots; 4 days of classes/week)

	Day 1	Day 2	Day 3	Day 4
Class (70 minutes × 2 slots)	Quiz on previous lesson Pre-Task	Main Task	Sentence Patterns and Expressions Kanji Words	Post-Task Self-reflection
Assignment		Main Task Kanji Words practice sheet	Sentence Patterns and Expressions practice sheet	

5. Explanation of Grammar Notation

N	Noun	V	Verb
AN な	na-adjective	V る	Verb dictionary form
AN	na-adjective with "na" removed	V た	ta-form of verb
A い	i-adjective	V て	te-form of verb
A ~~い~~	i-adjective with "i" removed	V ます	masu form of verb with "masu" removed
N する	Noun + suru	V ない	nai-form of verb
WH	Interrogative	V ~~ない~~	nai-form of verb with "nai" removed
S	Sentence	V ば	Verb conditional form
S(p)	Sentence ending in plain form. When two sentences need to be shown, the following notation is used: S1(p), S2(p)	V よう	Verb volitional form
		V（ら）れる	Verb passive form
		V(p)	Verb plain form
		V(affirmative)	Verb affirmative form

6. Supplementary Study Materials

The following supplementary materials can be found at:

https://www.3anet.co.jp/np/books/4044/

1. Kanji Words practice sheets
2. Sentence Patterns and Expressions practice sheets
3. Comment sheet (used in Lesson 6)
4. Listening scripts and audio files
5. Video scripts and files

第１課 動物と暮らすってどんなこと？

「動物が好き」「動物の助けが必要」など、
さまざまな理由で動物と暮らしている人がいる。
動物と暮らすとは、どのようなことなのか。
私たちと動物の関係について考えてみよう。

プレタスク　　自分の経験や考えを話す
　　　　　　　　新聞の投書を読む

メインタスク　インタビューの動画を見る

ポストタスク　自分の考えを書く

I. 次のことをお互いに話してみよう。

1) 動物と聞いて一番はじめに思い浮かべるのは、どんな動物で、どんな様子か。
（例えば「草原にいるライオン」「家のソファで寝ている猫」など。）

2) ペットを飼ったことがあるか。どんなペットか。もし、これから飼うとしたらどんなペットを飼いたいか。

3) 以下の言葉を見たり聞いたりしたことがあるか。

┌─── **ペット** ───┐

犬　猫　ウサギ　リス

ハムスター　モルモット

ハリネズミ　鳥　魚

カメ　ヘビ　トカゲ

カエル　昆虫

┌─── **人間の役に立つ動物** ───┐

農場にいる動物

（馬・牛・ブタ・ニワトリ・ヒツジ・ヤギ）

介助犬　盲導犬　警察犬　災害救助犬

セラピードッグ　ファシリティドッグ　タレント犬

実験動物　競走馬

┌─── **動物に関連する言葉** ───┐

飼う　飼育する　えさをやる　芸を教える　しつける　なでる

雄　雌　鳴く　ほえる　かみつく

動物病院　獣医　ペットショップ　飼い主　野良犬　野良猫

〜匹　〜頭　〜羽

リス：squirrel　　ハリネズミ：hedgehog　　カメ：turtle　　ヘビ：snake

トカゲ：lizard　　カエル：frog　　昆虫：insect　　農場：farm

ヒツジ：sheep　　ヤギ：goat　　介助犬：service dog　　盲導犬：guide dog

警察犬：police dog　　災害救助犬：rescue dog　　実験動物：experimental animals

競走馬：racehorse　　飼育する：to breed　　えさ：feed　　芸：(dog) tricks

しつける：to train　　なでる：to pat　　雄：male　　雌：female

ほえる：to bark　　かみつく：to bite　　獣医：veterinarian　　飼い主：owner

野良犬／猫：ownerless dog/cat

2. 動物に関連するさまざまな話題や問題がある。以下の言葉について、同じ意味の日本語と英語を線で結んでみよう。

動物に関連する話題や問題

動物愛護運動 ・　　　・ endangered species

生態系 ・　　　・ stray dogs/cats

外来種 ・　　　・ alien species

在来種 ・　　　・ animal welfare movement

絶滅危惧種 ・　　　・ pet loss

動物介在教育 ・　　　・ animal culling

動物介在療法 ・　　　・ animal café

ペットロス ・　　　・ animal assisted therapy

被災犬 ・　　　・ ecosystem

動物カフェ ・　　　・ native species

捨て犬、捨て猫 ・　　　・ animal assisted education

殺処分 ・　　　・ disaster victim dogs

3. 次のページの文章は新聞への投書である。A、Bを読んで、以下の点について話し合おう。

プレタスク

1) 投書を書いた人が伝えたいことは何か。

2) あなたの育った地域にも同じようなことがあるか。

3) この投書を読んで、どんなことを考えたか。

A：通学路：route to school　ガラス越し：through the glass　目が合う：eyes meet
　　成長する：to grow up　　　通常：usual　　　半額：half the price
　　いつの間にか：without noticing　商品価値：commercial value
　　身勝手な：self-centered　　無駄に：unnecessarily

B：重い：serious　入院する：to be hospitalized　癒し：healing　検査：examination
　　リハビリ：rehabilitation　　手術室：operating room　　付き添う：to attend
　　触れる：to have contact with　費用がかさむ：expenses pile up
　　普及する：to spread　　　　高齢者：elderly people　介護施設：nursing home
　　飛び跳ねる：to jump　　　　役割を果たす：to play a role

A

動物の殺処分　ない社会に

高校生　西田　えま（埼玉県　18）

私の通学路にペットショップがある。小さなケージに入れられた子犬たちとガラス越しに目が合うと、「ここから出して」と言っているような気がしてしまう。子犬は成長すると売れなくなるためか、通常の半額になったり、いつの間にかいなくなったりすることがある。今日、いつも一番左のケージにいた子犬がいなくなっていた。新しい飼い主に出会ったのだろうか、幸せに暮らしているだろうか、と心配でたまらなくなった。そして「殺処分」という言葉が頭の中に浮かび、涙が出そうになった。

以前は、商品価値がなくなったという理由だけで動物が殺されることも多かったそうだ。現在は変わってきているというが、殺処分は人間の身勝手な行動だと思う。どんな生き物でも、命の重さは全て同じはずだ。動物たちを無駄に殺すことがないような社会になってほしいと、心から願っている。

B

ロボット犬と本物の犬　どちらも大きな存在

大学生　高橋　順（東京都　21）

先日、テレビでファシリティドッグのニュースを見た。それは病院にいて重い病気の子どもたちを支える犬のことだ。入院している子どもたちにとって癒しの存在であり、つらい検査やリハビリはもちろん、手術室にまで付き添って行くこともあるという。そんなファシリティドッグに触れた子どもたちの笑顔は、とても印象的だった。だが、日本ではこのような犬のトレーニングができる人が少なく、しかも費用がかさむため、普及するのはかなり難しいそうだ。

その一方で、高齢者の介護施設で犬型の大型のロボットが施設のアイドルとなっているという新聞記事を読んだ。声をかけると飛び跳ねたり、ダンスを見せてくれたりするという。

ロボット犬と本物の犬、もしどちらかを選べと言われたら、私は本物の犬を選ぶかもしれないが、これからの社会では、どちらも私たち人間を支えてくれる存在として重要な役割を果たすに違いない。

メインタスク

Ⅰ. 動物介在教育とは何だろうか。ここで紹介するのは、ある小学校における動物介在教育の例である。その小学校の先生の話を聞こう。 ▶ｌ　▶2　▶3

小学校での動物介在教育の様子

普段の授業の様子

休み時間に犬の世話をする子どもたち

・この話に出てくる学校犬の名前はクレア（ラブラドールレトリバー）。
・クレアは毎日学校に来て、さまざまな活動に参加している。
・犬の様子や活動については、ウェブサイトや本で報告されている。

インタビュアーと吉田太郎先生

吉田先生とクレアと子犬

＊動画のインタビューは 2019 年 7 月 30 日に行われたもので、活動はその当時のものです。また、吉田先生の現在の勤務校での活動に関するものではありません。

1) 1の動画を見ながら、聞き取れたことをメモしよう。その後で、次の点に注意してもう一度見よう。 ▶ 1

① どのような活動をしているか。

② この活動を始めたきっかけは何か。

③ この活動の良い点は何か。

④ この活動の問題点は何か。

⑤ この活動を始めてから、子どもや大人たちにどのような変化があったか。

⑥ 吉田先生は、これから何をする必要があると言っているか。

2) 2の動画を見ながら、聞き取れたことをメモしよう。その後で、次の点に注意してもう一度見よう。 ▶ 2

① 「バディ・ウォーカー」のメンバーはどのような活動をしているか。

② どのような子どもが「バディ・ウォーカー」のメンバーになっているか。

③ 吉田先生は「バディ・ウォーカー」の活動の他にどのようなことを行っているか。

3) 3の動画を見ながら、聞き取れたことをメモしよう。その後で、次の点に注意してもう一度見よう。　▶3

① クレアの2つの仕事は何か。

② クレアの子どもたちは、これからどうなるのか。

③ 吉田先生がこのプログラムで期待していることの一つにはどのようなことがあると言っているか。

2. 動画を見てわかったことや、考えたことについて話し合おう。

1) この活動の良い点は何だと思うか。どのような効果があると思うか。

2) この活動の問題点は何だと思うか。

3) この学校と同じような活動をしている例を知っていたら、紹介しよう。

メイン
タスク

クレアの赤ちゃんたち

文型・表現

1) A くて／AN で／V たくて／V て＋たまらない

so A/AN/V ~ that I can't bear it, want to V so much I can't bear it

◆ 「とても〜で、がまんできない」という話し手の強い気持ちを表す時に使う。自分の感情や感覚を表す言葉につく。動詞の場合は「V たくてたまらない」の形で強い欲求を表すが、「おなかがすく／のどがかわく／腹が立つ」などの心や体の状態を表す動詞の場合は、「V てたまらない」の形になる。

【注意】「思える／気になる」とは一緒に使えない。

This expression is used to express a strong feeling of "so ~ that I can't bear it" in the speaker. Words that express the speaker's emotions or feelings are used with this expression. In the case of verbs, the form V たくてたまらない expresses a strong desire to do something, while for verbs that express a mental or physical state, such as おなかがすく／のどがかわく／腹が立つ (to be hungry, to be thirsty, to be angry), the form V てたまらない is used.

NOTE: It cannot be used with 思える／気になる (to seem, to be concerned/curious about).

a. エアコンが壊れてしまったので、部屋の中が暑くてたまらない。

b. せっかくコンサートのチケットが取れたのに、その日風邪を引いて行けなかった。残念でたまらない。

c. レポートを書いていると、甘い物が食べたくてたまらなくなる。

d. 寝坊して朝ごはんが食べられなかった。おなかがすいてたまらない。

2) N1 はもちろん（のこと）、N2 も　N1 goes without saying, but also N2

◆ 「N1 は当たり前だが」という意味。N1 と「は」、N2 と「も」の間に別の助詞が入ることもある。

This expression means "N1 goes without saying, but also N2". Sometimes other particles are inserted between N1 and は, and between N2 and も.

a. 日本に行ったら、東京はもちろんのこと、大阪や沖縄にも行きたい。

b. 上手になりたいので、授業ではもちろん、寮でも日本語で話すようにしている。

3) しかも　　and also / what's more

◆ あることに、もう一つ他のことを加える時に使う。「しかも」の後には、話し手が「大切だ／めずらしい／予想外だ」と思う情報が来る。

This expression is used when adding one more thing to a particular thing. Information that the speaker considers "important/unusual/unexpected" comes after しかも.

a. あの店は安くて、しかもおいしい。

b. 昨日は大変だった。朝、電車が止まって、1時間近く電車の中にいなければならなかった。しかも家にスマートフォンを忘れて来てしまって、誰にも連絡できなかった。

4) S(p) ＋に違いない　　there is no doubt that S(p)

◆ 「きっと〜だと思う」と言いたい時に使う。そう思う根拠や理由がある時に使える。

This expression is used when the speaker wants to say "I think ~ for sure." It can be used when the speaker has grounds or reasons for thinking this way.

AN(である)／N(である)＋に違いない

a. 山田さんが約束の時間に来ないなんておかしい。何かあったに違いない。

b. あの3人は顔がよく似ている。兄弟に違いない。

5) V(る、ない)＋わけにはいかない　　mustn't/must V

◆ 社会的・道徳的な観点から、できない、しなければならないという意味。

This expression means that the speaker mustn't or must do something from a societal or ethical perspective.

Vる＋わけにはいかない＝Vできない　　(mustn't V)

Vない＋わけにはいかない＝Vしなければならない　(must V)

a. A「どうぞ、ビールを飲んでください。」

B「いただきたいんですが、車で来たので、飲むわけにはいかないんです。」

b. ダイエット中だが、友達がケーキを焼いてくれたので、食べないわけにはいかない。

文型・表現

6) Ｖないでは／Ｖないずには＋いられない　can't help Ving

◆　「どうしても～してしまう」「その行動を抑えることができない」という意味。「がまん
　　できなくて～してしまう」という時や、「理由があって～してしまう」という時に使う。
　　【注意】「する」の場合は「しずにはいられない」ではなく「せずにはいられない」となる。
　　This expression means "No matter what I do, I end up ~ing," or "I can't stop myself from
　　doing a certain action." This expression is used when "the speaker can't control himself/
　　herself and ends up doing ~," or when "the speaker ends up doing ~ due to a particular
　　reason."
　　NOTE: With する, the expression does not become しずにはいられない, but rather せず
　　　　　にはいられない.

a.　山田さんはコーヒーが大好きで、一日に何杯も飲まないではいられないそうだ。
b.　彼の話が面白過ぎて、笑わずにはいられなかった。

ポストタスク

1. 以下はメインタスクのインタビューの動画を見て話し合い、考えたことを書いた
　文章である。この人が考えた良い点は何か確認しよう。

> ### 動物介在教育のビデオを見て
>
> テレサ・ラム
>
> 　動物介在教育は、子どもたちが命の大切さを学ぶのにとても効果があると思っ
> た。犬はかわいいが、犬の世話は楽しいことばかりではないはずだ。例えば、雨
> の日でも犬の散歩をしないわけにはいかないし、犬が思うように動いてくれない
> こともあるだろう。子どもたちは、このような犬の世話を通して、真面目に何か
> に取り組む姿勢や、友達と協力して行動する方法を学ぶことができるのではな
> いか。しかし、学校で犬を飼うことには、私の想像できないような問題もいろい
> ろあると思う。今後、この活動がどうなっていくか、心配でもあり、
> 楽しみでもある。

2. プレタスク2の「動物に関連する話題や問題」から1つを選んで調べ、次の構成
　で自分の考えを書こう。自分の経験や知っていることがあれば、それも入れて書
　こう。

① 何について書くか
② どのような問題点／良い点／影響があるか
③ 問題点を解決する／良い点を生かすためにどうすればいいと思うか

文章を書いた後に、次の【例】を読んで内容や構成などについて比較し、書いた文章を振り返ってみよう。

【例】

被災犬

テレサ・ラム

　日本に来てはじめて、私は「被災犬」という言葉を知った。「被災犬」というのは、地震や台風などの災害で、飼い主である家族を失った犬のことだ。

　ある犬は鎖でつながれていたためにその場所から動けず、地震の後、何日も何も食べずにいたという。また、ある犬は、壊れてしまった家の前で、いなくなった家族を何日も待っていたそうだ。家族が無事でも、住む家がなくなり、仮設の家ではペットを飼えないために、家族と別れなければならないこともあるという。

　調べてみると、被災犬のために、「里親」、つまり新しい飼い主を探すボランティア活動があるということがわかった。この活動は、犬だけでなく元飼い主も里親も幸せにしているそうだ。被災犬と人間、両方が幸せになれるこの活動は、とても有意義だと思う。私はこの活動を応援したい。一日も早く、このような犬たちに温かい家庭がみつかることを願わずにはいられない。

漢字の言葉

1. 次の言葉がわかるか確認しよう。

①思い浮かべる　②飼う　③救助　④実験

⑤鳴く　⑥生態系　⑦絶滅　⑧教育

⑨被災　⑩価値　⑪殺す　⑫存在

⑬検査　⑭笑顔　⑮普及　⑯報告

⑰期待　⑱想像　⑲壊れる　⑳探す

2. 次の文を読んで、お互いに質問しよう。

Q1　ペットとして飼われている犬の名前というと、どのような名前を思い浮かべますか。猫は、どうですか。

Q2　日本語では、猫は「ニャーニャーと鳴く」と言いますが、あなたの母語では、何と言いますか。

Q3　人間によって殺されたために絶滅してしまった動物を知っていますか。それはどんな動物ですか。

Q4　動物の命を守る活動についての報告などを読んだことがありますか。あればどのような内容だったか教えてください。

Q5　生態系が壊れないようにするために、私たちは何をすればいいと思いますか。

Q6　教育や研究のために、動物を実験や検査に使うことについてどう思いますか。

Q7　被災した人々を笑顔にするためには、動物を使ってどのようなことができると思いますか。

Q8　これから、ロボットの存在やAIの普及が、人間と動物の関係にどのような影響を与えると思いますか。未来の生活を想像し、あなたが期待することを教えてください。

漢字の
言葉

振り返り

1. この課を終えて、今、次のことがどのくらいできるか考えてみよう。

				よくできる	できる	もう一息
日本語	動物について知っていることや経験、考えを話す	プレタスク		😊	🙂	😐
	新聞の投書を読み、要点を理解する	プレタスク		😊	🙂	😐
	動物介在教育についてのインタビュー動画を見て、要点を理解する	メインタスク		😊	🙂	😐
	動物に関連する話題について自分の考えを書く	ポストタスク		😊	🙂	😐
	テーマに関する言葉や表現を使う			😊	🙂	😐
考え方	人間と暮らす動物について、さまざまな観点があることを理解する			😊	🙂	😐

2. この課を通して、どのようなことに気付いたり考えたりしたか書こう。

第2課　私の町は魅力的？

どこかの国や町を訪れる人々は、何を期待して行くのだろうか。

その場所の魅力は何なのだろうか。

魅力的な場所にするためにはどうすればいいか考えてみよう。

プレタスク
自分の考えを話す
調べた情報を読み取り話し合う
発表を聞く

メインタスク
ブログ記事を読む
調べたことを発表する

ポストタスク
提言を書く

1. 次のことをお互いに話してみよう。

1) 日本の地名で知っているところはどこか。

2) そこはどんなところで、何が有名か。

2. 次の表は、世界中の旅行者が高く評価した「日本国内の人気観光地トップ10」である。2016年12月〜2017年12月の約1年間に、インターネットのサイトに投稿された口コミなどをもとに、集計されている。これを見て、次のことをお互いに話してみよう。

1) この中にあなたの知っているところはあるだろうか。あれば、そこはどのような場所だろうか。

2) ランキングの上位に入る理由は何だろうか。1位の「東京23区」や「観光地」「人気」「おすすめ」「必見」「口コミ」などの言葉でインターネットで検索し、理由を考えてみよう。

3) 現在のランキングはどうなっているか調べてみよう。どのような変化があるだろうか。

順位	場所（都道府県）
1位	東京23区（東京都）
2位	京都市（京都府）
3位	大阪市（大阪府）
4位	札幌市（北海道）
5位	福岡市（福岡県）
6位	箱根町（神奈川県）
7位	那覇市（沖縄県）
8位	横浜市（神奈川県）
9位	金沢市（石川県）
10位	白馬村（長野県）

出典：TripAdvisor「トラベラーズチョイスTM 世界の人気観光地　2018」
https://tg.tripadvisor.jp/news/wp-content/uploads/2018/03/180322_TripAdvisorPressRelease.pdf（2021年1月31日アクセス）

評価する：to evaluate　投稿する：to post　口コミ：(online) reviews

集計する：to collect and organize (data)　上位：higher rank

必見：must-sees　検索する：to search

3. 身近な観光スポットについての発表を聞こう。

1) まず、以下の資料を見ながら聞いて、聞き取れたことをメモしよう。🔊 |

じんだいじ
深大寺

B

C

A

D

E

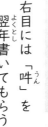

右目には「吽」を翌年書いてもらう。

左目に梵字の「阿」

F

仏教：Buddhism	天台宗：Tendai Sect	ちなみに：by the way
仏像：statue of Buddha	だるま：Daruma doll	だるま市：Daruma market
棚：shelf	国宝：national treasure	翌年：the following year
商売：business, commerce, trade	そば粉：buckwheat flour	

2) 次の点に注意して、もう一度聞こう。聞きながらメモを取ろう。🔊 |

A	・寺はどこにあるか。 ・どれくらい古い寺か。 ・この寺で有名なものは何か。
B	・これは何の写真か。 ・いつ建てられたものか。 ・昔、何があったか。
C	・発表者はなぜ仏像の絵を描いたのか。 ・この仏像が珍しいのはなぜか。
D	・毎年3月3日と4日に何があるか。 ・その時人々はそこで何を買うか。そして、買ったものをどうするのか。
E	・黒いだるまを持っていると、どのようないいことがあると言われているか。
F	・寺の周りで有名な食べ物は何か。 ・なぜその食べ物の店が多いのか。
最後に	・観光協会は、どんなことをしているか。

3) 次の点について話し合おう。

① この発表を聞いて、この場所に行きたいと思ったか、それとも思わなかったか。それはどうしてか。

② 発表の中で、もっと詳しく知りたいと思ったことがあるか。また、他にどのような情報があったらいいと思うか。

メインタスク

1. 次（つぎ）の点（てん）について考えながらブログ記事（きじ）を読もう。

1) 瀬戸内（せとうち）はどんな場所か。

2) 瀬戸内国際芸術祭（せとうちこくさいげいじゅつさい）とは、どんなイベントか。

3) この芸術祭（げいじゅつさい）によって、この地域（ちいき）においてどのような変化（へんか）があったか。

瀬戸内国際芸術祭（せとうちこくさいげいじゅつさい）

　「瀬戸内国際芸術祭（せとうちこくさいげいじゅつさい）」という言葉（ことば）を聞いたことがあるだろうか。

　「瀬戸内（せとうち）」とは、本州（ほんしゅう）の西部（せいぶ）と四国、九州（きゅうしゅう）に囲（かこ）まれた地域（ちいき）のことで、この芸術（げいじゅつ）祭（さい）は、瀬戸内海（せとないかい）にある島々（しまじま）を舞台（ぶたい）にした現代（げんだい）アートの祭典（さいてん）だ。3 年に 1 度開（ひら）かれるこのトリエンナーレ⁽¹⁾ は、2010 年に始まった。はじめは 7 つの島々（しまじま）と高（たか）松港（まつこう）だけが会場だったが、第（だい）4 回の 2019 年には 12 の島々（しまじま）と高松（たかまつ）・宇野（うの）の 2 つの港（みなと）が舞台（ぶたい）となり、広がりを見せている。

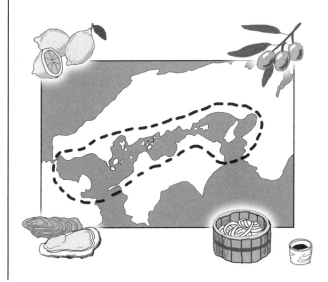

瀬戸内（せとうち）は温暖（おんだん）で雨が少なく海も穏（おだ）やかだ。観光地（かんこう）としても人気があり、一年を通して訪（おとず）れる人が多い。特産品はレモンや牡蠣（かき）、オリーブ、うどん、そうめんなど数多（かずおお）い。

筆者がこの芸術祭を訪れたのは 2013 年の夏、第 2 回の時だ。船に乗っていろいろな島を訪れたが、ある島は、その島全体があたかも美術館のようだった。地図を片手に島をめぐりながら、さまざまなアート作品を楽しんだ。その中に、インスタレーション⁽²⁾、つまり体験型の作品もあった。真っ暗な中で音だけをたよりに人々が動き回る部屋、電気がなく天井の穴からの自然の光だけでみんなで静かに夕暮れを待つ地中の空間。どれも日常生活では味わえない体験だった。自分自身がアートの中に入り込み、作品の一部になれた気がした。

　かつて、島々は人口減少による過疎化に悩んでいた。ところが、この芸術祭をきっかけに、移住者が増えたのだ。人口が増加するにつれて、閉校されていた小中学校が再開されるなど、島に活気が戻ってきているという。
　芸術祭の目的は文化の発信だけではない。観光地としての魅力を高めることによって、国際交流や経済効果をうながし、それが地域の活性化につながるのだろう。

　瀬戸内国際芸術祭は、現在も 3 年に 1 度、春から秋にかけての長い期間、開催されている。このブログを読んで興味を持たれた方は、是非、訪れてみてほしい。

注
(1) トリエンナーレとは、3 年に 1 度開かれる国際的な芸術祭のことである。美術展だけでなく、音楽や演劇など、さまざまなジャンルの芸術の発表の場となることもある。
(2) インスタレーションとは、現代アートの手法の一つで、空間全体を作品として鑑賞者に体験させるものである。

2. 「瀬戸内国際芸術祭」はアートを起爆剤として観光が活性化した例だが、アート以外に、どのようなものが「観光の起爆剤」として有効だろうか。

1) 次の①～⑤から１つ選び、その内容（方法）、事例、効果や問題点について調べよう。

①　エコツーリズム　　　　②　アニメツーリズム

③　スポーツツーリズム　　④　アストロツーリズム

⑤　その他のツーリズム

2) 調べてわかったことについてメモを作り、発表しよう。

【メモの例】

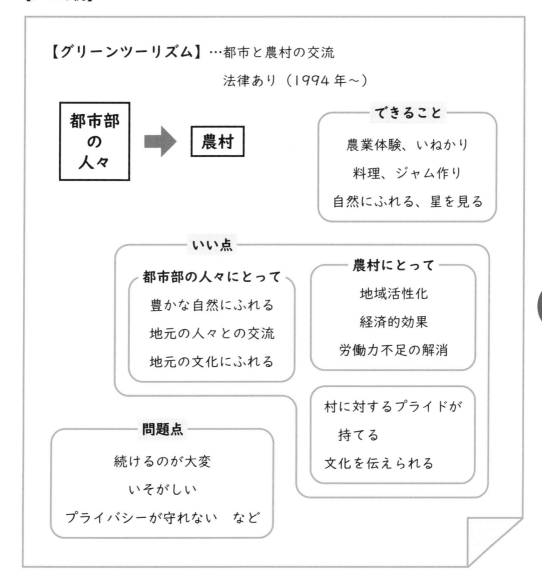

【グリーンツーリズム】…都市と農村の交流

法律あり（1994年～）

都市部の人々 ➡ 農村

できること
農業体験、いねかり
料理、ジャム作り
自然にふれる、星を見る

いい点

都市部の人々にとって
豊かな自然にふれる
地元の人々との交流
地元の文化にふれる

農村にとって
地域活性化
経済的効果
労働力不足の解消

村に対するプライドが
持てる
文化を伝えられる

問題点
続けるのが大変
いそがしい
プライバシーが守れない　など

メイン
タスク

文型・表現

1) N にわたって、N にわたり、N1 にわたる N2

throughout/across N, N2 throughout/across N1

◆ 時間や場所について、その範囲全体で、という意味を表す。

This expression is used to express the meaning of "for the entirety of," when applied to a period of time or area.

a. 明日は、広い範囲にわたって雨が降るでしょう。

b. 新しい計画を立てるために、長時間にわたり話し合った。

c. 10年にわたる研究の結果、新しい薬が開発された。

2) N において、N1 における N2　at/in N, N2 at/in N1

◆ 場所や時、場面などを示す助詞「で」と同じ意味のかたい表現。「N における」は「N（で）の」と同じ意味。

A formal expression with the same meaning as the particle で, indicating a particular location, time or situation. N における has the same meaning as N（で）の.

a. 結婚式は6月10日、大学内の教会において行われる予定です。

b. 「エコ」は、旅行業界においても重要なキーワードだ。

c. ピカソは20世紀における偉大な芸術家の一人だ。　（世紀：century　偉大な：great）

3) N を通して、N を通じて　throughout N

◆ 「ある一定の期間ずっと、何かを行う／続ける、何かが続いている」という時に使う。

This expression is used when "something takes place, continues or is continued in an ongoing manner throughout a particular period of time."

a. この海岸は一年を通して暖かく、泳いだりサーフィンをしたりすることができる。

b. 彼女に対する彼の気持ちは、一生を通じて変わらなかった。

4)　あたかも S(p)（かの）／ N の +

ようだ	just like S(p)/N
ような N	N that implies that S(p)
	N that is just like N
ように V ／ A ／ AN	V/A/AN just like S(p)/N

◆　「非常にそれに近い」「とてもそれに似ている」という時に使う。「あたかも」は
　「まるで」のかたい表現。

　　This expression is used when something is "extremely similar to ~" or "just like ~."
　　あたかも is a formal version of まるで.

　a.　彼女の説明は具体的で、あたかもその事故を見た（かの）ようだった。

　b.　彼は間違っていたのに、あたかも自分が正しい（かの）ような態度を取った。

　c.　彼は歌が上手で、あたかもプロの歌手のようにいい声で歌う。

5)　S1（V る）＋につれ（て）、S2　As S1 (Vる), S2

◆　S1 が少しずつ変化すると、S2 も少しずつ変化するという時に使う。S1 と S2 の
　動詞は変化や過程を表す動詞。

　　This expression is used when, as S1 changes gradually, S2 also changes gradually.

　　The verbs used for S1 and S2 are verbs which express change or process.

　a.　日本での生活が長くなるにつれて、日本の良い点と悪い点がわかるようになった。

　b.　日本語が上手になるにつれて、日本人の友達も増えた。

　c.　台風が近づくにつれ、風がどんどん強くなっていった。

6)　N1 から N2 にかけて　from N1 to N2

◆　「ある所から別の所までの全ての場所で」、「ある時間から別の時間までずっと」
　という時に使う。

　　This expression is used to express the meaning of "across all of an area from one place
　　to another place," or "continuously from one point in time until another point in time."

　a.　昨日は、北海道から東北にかけて、雪が降りました。

　b.　日本の大学は、普通、2 月から 3 月末にかけて春休みになる。

　c.　日本では 15 世紀末から 16 世紀末にかけて多くの戦いがあった。この時代は戦国時
　　代と呼ばれている。

　　　　　　　　　　　　（戦い：war　戦国時代：the Warring States Period）

2

文型・表現

7) **S1。そこで S2。** S1. Therefore, S2.

◆ 「それで」と近い意味だが、S2 は動作主の決断(けつだん)や意志的(いしてき)な行動を表(あらわ)す文になる。

This has a similar meaning to それで, but when そこで is used in a sentence, it is implied that S2 is a decision or intentional action by the subject of the verb.

a. 東京の生活(せいかつ)に慣(な)れてきた。<u>そこで</u>、アルバイトをすることにした。

b. ずっと大切に使ってきた時計が壊(こわ)れてしまった。<u>そこで</u>新しいのを買いに行った。

ポストタスク

ある場所を魅力的なところにするために、何をすればいいだろうか。ある架空の場所を考え、メインタスク2で調べたキーワードとその情報をもとに、その場所に対する提言を書こう。

※参考

提言を書いた後に、次の【提言の例】を読んで内容や構成などについて比較し、書いた文章を振り返ってみよう。

【提言の例】

ヤノス村への提言――グリーンツーリズムを起爆剤として

ヤノス・マイヤー

　私が村長を務めるヤノス村は、気候が穏やかで自然が豊かであり、農業が盛んな村である。しかし高齢化が進み、人口の減少が続いている。観光地としても可能性があるのに、現在は村の魅力を十分に生かせていないと思う。これは非常に残念である。そこで、私はこの村の村長として、グリーンツーリズムによって村を活性化するための提言をしたい。

　村には広い家が多いので、都市部の大学のサークルと協力して、ホームステイプログラムをするのはどうだろうか。参加した若者には農業体験をしてもらう。春には畑をたがやし、秋に収穫する。また、夏には星を見るイベントを開く。続けて訪れることで、若者に、ここをあたかも「もう一つのふるさと」のように感じてほしいと思う。

　特に秋には野菜や果物を収穫して村の家庭料理を体験してもらう。また、村の空き家を利用し、サークルのメンバーだけでも泊まれるような宿にするのもいいだろう。学生たちが村の生活を気に入れば、将来、移住してくるかもしれない。若者が集まれば、労働力不足の解消にもなり、経済的効果もある。それにつれて地域が活性化すれば、村のイメージも変わり、人口も少しずつ増加するだろう。

　しかし、問題もある。ホームステイは、受け入れ家庭の負担が大きく、プライバシーの問題もありそうだ。そのためには、ある程度のルール作りも必要だと思う。

　このプランの実現のためには、まず、村の人々の意識を変えなければならない。これから、村長として、人々と協力して一緒に考えていきたい。

漢字の言葉

1. 次（つぎ）の言葉（ことば）がわかるか確認（かくにん）しよう。

①魅力　②訪れる　③提言　④観光

⑤検索　⑥都道府県　⑦芸術祭　⑧筆者

⑨船　⑩夕暮れ　⑪減少　⑫移住者

⑬増加　⑭再開　⑮活性化　⑯農業

⑰残念　⑱家庭　⑲負担　⑳意識

2. 次（つぎ）の文を読んで、お互（たが）いに質問しよう。

Q1　どんな観光地が魅力（てき）的だと思いますか。反対（はんたい）に、行ってみて残念だと思った経（けい）験（けん）がありますか。

Q2　船に乗って島（しま）を訪れたことがありますか。あればどこか教えてください。

Q3　夕暮れ時に行くといい、おすすめの場所があれば教えてください。

Q4　日本の都道府県の名前で、知っているところを挙（あ）げてください。なぜ（何がきっかけで）その名前を知ったのですか。

Q5　今までに農業の体験をしたことがありますか。あれば何をしたか教えてください。

Q6　あなたの住んでいる地域（ちいき）で、おすすめしたい家庭料理がありますか。

Q7　旅行に行く時、どのような情報（じょうほう）をインターネットで検索しますか。

Q8　旅行の計画を立てる時に、何か意識していることがありますか。

Q9　これまで、地域（ちいき）を活性化するための提言を聞いたことがありますか。どんな提言でしたか。

Q10　移住者が増加すると、どんな良（よ）い点（てん）、問題点（てん）があると思いますか。

振り返り

1. この課を終えて、今、次のことがどのくらいできるか考えてみよう。

			よくできる	できる	もう一息
日本語	旅行や観光地について自分の考えを話す	プレタスク	😊	☺	😐
	観光地について調べた情報を読み取り、話し合う	プレタスク	😊	☺	😐
	身近な観光地についての発表を聞き、内容を理解する	プレタスク	😊	☺	😐
	観光地についてのブログ記事を読み、要点を理解する	メインタスク	😊	☺	😐
	ツーリズムについて調べたことを発表する	メインタスク	😊	☺	😐
	地域の活性化に関する提言を書く	ポストタスク	😊	☺	😐
	テーマに関する言葉や表現を使う		😊	☺	😐
考え方	ある場所の魅力について、さまざまな観点から考える		😊	☺	😐

2. この課を通して、どのようなことに気付いたり考えたりしたか書こう。

あなたにとって大切なものは？

あなたにとって「なくてはならないもの」「生活(せいかつ)の中で大切なもの」は何だろうか。

あなたが「生活(せいかつ)の中で重視(じゅうし)していること」は何だろうか。

あなたにとって、大切なものは何か、考えてみよう。

プレタスク
自分の考えを話す
情報(じょうほう)を読み取(と)る
読み取(と)った情報(じょうほう)をもとに話す

メインタスク
調(しら)べたことをもとにレポートを書く

ポストタスク
レポートに書いたことを発表(はっぴょう)する
発表(はっぴょう)の要点(ようてん)を聞きメモを取(と)る

I. より豊かな生活をするために、私たちには衣食住や生活必需品以外にもなくては
ならないものがある。あなたにとって「生活の中で大切なもの」は何だろうか。
以下の言葉を参考にして、話し合おう。

日常生活の中で使うものや施設など

スマートフォン　　パソコン

テレビ　　ラジオ　　本　　自動車　　自転車

現金　　クレジットカードなどのカード類

教育（学校）　　銀行　　郵便　　電話　　病院

福祉施設　　役所　　図書館　　公共交通機関

趣味やレジャー

読書　　マンガ　　映画　　アニメ　　演劇　　アート

コンサート　　スポーツ観戦　　インターネット　　音楽　　など

旅行　　山登り　　海水浴　　ドライブ　　サイクリング

キャンプ　　スポーツ　　DIY　　ガーデニング　　外食

お菓子作り　　カラオケ　　コスプレ　　など

公園　　テーマパーク　　博物館　　美術館

動物園　　水族館　　プラネタリウム

映画館　　劇場　　ライブハウス　　スーパー銭湯　　など

衣食住：food, clothing and shelter　　生活必需品：daily necessities　　現金：cash

福祉施設：welfare facility　　演劇：drama, play　　観戦：watching (sports)

海水浴：sea bathing　　外食：eating out　　水族館：aquarium

劇場：theater　　スーパー銭湯：public spa and bath

2. 生活において、趣味やレジャー活動を大切なものと考えている人は多い。以下の
   データは 2008 年と 2018 年の「レジャー活動の参加人口」の順位である。これを
   見て質問に答えよう。

2008 年		
順位	活動の種類	万人
1	外食（日常的なものを除く）	7370
2	国内観光旅行	6020
3	ドライブ	5140
4	宝くじ	4560
5	パソコン（ゲーム、趣味、通信など）	4470
6	カラオケ	4430
7	ビデオ鑑賞	4400
8	映画（テレビは除く）	4140
9	動物園、植物園、水族館、博物館	4030
10	音楽鑑賞	3960
11	バー、スナック、パブ、飲み屋	3310
12	テレビゲーム（家庭での）	3300
13	園芸、庭いじり	3260
14	トランプ、オセロ、カルタ、花札など	2910
15	遊園地	2780
16	ジョギング、マラソン	2550
17	ピクニック、ハイキング、散歩	2470
18	音楽会、コンサートなど	2420
19	ボウリング	2350
20	帰省旅行	2340

2018 年		
順位	活動の種類	万人
1	国内観光旅行	5430
2	外食（日常的なものを除く）	4180
3	読書	4170
4	ドライブ	4160
5	映画（テレビは除く）	3610
6	アウトレットモール	3560
7	音楽鑑賞	3470
8	動物園、植物園、水族館、博物館	3340
9	ウィンドウショッピング	3070
10	ウォーキング	3030
11	温浴施設	2990
12	カラオケ	2980
13	ビデオ鑑賞	2710
14	SNS、ツイッターなど	2620
15	園芸、庭いじり	2560
16	宝くじ	2560
17	体操（器具を使わないもの）	2410
18	トランプ、オセロ、カルタ、花札など	2370
19	音楽会、コンサートなど	2310
20	ジョギング、マラソン	2160

参考：日本生産性本部「レジャー白書 2009、2019」

3

1) 2008 年と 2018 年を比べてみよう。それぞれの年にしかない活動が 7 つずつある
   が、それは何か。また、変わらずに人気のあるものは何か、1 位〜 10 位で共通
   のものを挙げよう。
2) この 10 年間で、人々の生活がどのように変わったと思うか。
3) 2018 年以降はどのように変化しているか予想してみよう。その上で、インター
   ネットで「レジャー白書」を検索し、最近の傾向を調べてみよう。

~を除く：except ~　　　宝くじ：lottery　　　通信：telecommunications

植物園：botanical garden　　園芸／庭いじり：gardening

カルタ／花札：traditional Japanese playing cards　　遊園地：amusement park

帰省旅行：going back to the hometown　　温浴施設：public bath and spa

体操：exercise　　　器具：(gymnastics) equipment

3. グラフを見て話し合おう。

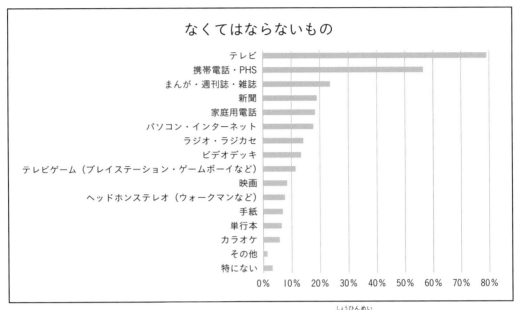

注：プレイステーション、ゲームボーイ、ウォークマンは商品名である。

出典：内閣府政策統括官編　第4回「情報化社会と青少年に関する調査」平成14（2002）年7月

1) このグラフを見てわかったことを挙げてみよう。

2) グラフは、2001年に青少年（12歳から30歳までの男女3486人）に「日常的に接しているメディアのうち、なくてはならないと思うほどに大切なものは何ですか。3つまで挙げてください。」という質問をした調査の結果である。他の国や地域で調査していたらどのような結果になったと思うか。

3) 同じ調査を現在行ったら、どのような結果になると思うか。

携帯電話：mobile phone　　週刊誌：weekly magazine　　青少年：young people

接する：to come in contact with

メインタスク

人々が生活の中で「なくてはならないもの」「大切だと思うもの」「重視していること」について調べ、800字程度のレポートを書こう。

① あなたの育った地域や、住んでいる地域で、人々にとって生活の中でなくてはならないもの、大切だと思うもの、重視していることは何だろうか。

② それについて調査したデータを探してみよう。その調査は、いつ、誰が、どこでどのような方法で実施したか。調査の対象者は何人で、どのような人々か。

③ 調査の結果から、自分が興味深いと思った点を挙げてみよう。
年齢別、男女別、調査の年代別、地域別などで、何か特色はないだろうか。
時間が経つにつれて、変化したところはないだろうか。

④ なぜそれは、生活の中でなくてはならないものなのだろうか。
なぜ人々はそれを大切だと思うのだろうか。考えてみよう。

800字程度のレポートにまとめよう。

文型・表現

1) V(p) ほど A ／ AN、V(p) ほどだ so A/AN that V(p), such that V(p)

プレタスク

◆ ある状態の程度が非常に高いことを表したい時に、具体的な例を用いて表す言い方。

This expression is used when the speaker wants to express the extreme nature of a particular phenomenon by indicating a concrete example.

a. この店のカレーは、涙が出るほど辛い。

b. 今年の夏は異常に気温が高く、外を歩けないほどだ。

c. この店のラーメンはおいしくて、毎日行列ができるほどだ。　　　　（行列：queue）

2) N1 が／は N2 の N3 を占めている N1 accounts for N3 of N2

ポストタスク

◆ N1 が N2 の何パーセントか、N2 の中のどの位置にいるか、などを言う時に使う。
N3 は割合や順位など。N3 の数字を「多い」「高い」と思っている時に使う。

This expression is used to describe what percentage of N2 accounts for N1, or what position N1 occupies as part of N2. N3 describes the proportion, percentage or ranking. This expression is used when the figure used for N3 is considered "large" or "high."

a. アジアの人口は、世界の人口の約 6 割を占めている。

b. この大学は、日本語を母語としない教員が 3 分の 1 を占めている。

3) N を上回る、N を下回る to exceed N, to be less than N

ポストタスク

◆ 「N を上回る」は「（予想／期待していた）数値よりも多い／高い」、「N を下回る」は「（予想／期待していた）数値よりも少ない／低い」という時に使う。
N を上回る is used when something is "higher/greater than an anticipated/expected number," and N を下回る is used when something is "less/lower than an anticipated/expected number."

a. そのイベントの来場者数は、予想を上回り、3 万人を超えた。

b. 私の住んでいる市で市長選挙があったが、今回の投票率は前回の投票率を大きく下回っていることがわかった。　　　　（選挙：election　投票率：turnout rate）

4) S1(p) ことから、S2　S2, from the fact that S1(p)

◆ 前の部分の内容から論理的に導かれる結論を述べる時に使う。かたい表現。前の文を受けて、「S1。このことから、S2」ということもある。

This expression is used when stating a conclusion that is drawn logically based on the content of the preceding part of the sentence. It is a formal expression. The form S1。このことから、S2, where one sentence follows the other, is also used.

> ┌─────────────────────────────┐
> │ AN な、AN ／ N である＋ことから │
> └─────────────────────────────┘

a. 今年のゴールデンウィークは天気が良いという予報が出ていることから、観光地では多くの人出と渋滞が予想されている。　　　　　（人出：crowd　渋滞：traffic jam）

b. 日本の出生率は下がり続け、その一方で平均寿命は伸びている。このことから、今後ますます社会の高齢化が進むと考えられる。

（出生率：birth rate　平均寿命：average life expectancy　高齢化：population aging）

5) S(p) と言える、S(p) と言えよう　one might say S(p)

◆ 意見や結論を述べる時に使う。「～だ」と述べるよりも少し控えめな表現になる。「言えよう」はレポートなどの書き言葉で使われる。

This expression is used to state the speaker's opinion or conclusion. It is a slightly more reserved expression than when a sentence ends in ～だ. 言えよう is used in written language, such as for reports.

a. 犬の世話を通して子どもたちは命の大切さを学んでいるのだと言える。

b. 歌舞伎は日本の代表的な伝統芸術だと言えよう。

6) N が明らか { になった / となった }　N has become evident

◆ 調査の結果、わかったことを伝える時に使う。かたい表現で、レポートなどでよく使われる。

This expression is used to convey something that has become known as a result of an investigation or research, etc. It is a formal expression, and is often used in reports and the like.

a. このデータから、高校生の３人に１人がこのアプリを利用していることが明らかになった。

b. その時代の新聞記事を調べたところ、多くの人々がその計画に賛成していたということが明らかとなった。

7) 名詞句　Noun phrase

◆ レポートのタイトルや見出しには、名詞句を使うことが多い。名詞句にする時の
助詞の使い方は以下の通りである。

Noun phrases are often used in report titles and headlines. The usage of particles is as follows.

〜が／を N すること　→　〜の N	日本企業が成功したこと　→　日本企業の成功 文化を比較すること　→　文化の比較
〜が〜を N すること　→ 　　　　　　　〜による〜の N	A 社が薬を開発したこと　→　A 社による薬の開発
〜に／へ N すること　→ 　　　　　　　〜への N	活動に参加すること　→　活動への参加 海外へ移住すること　→　海外への移住
〜で N すること　→　〜での N 　　　　　　　〜における N	大学で研究すること　→　大学での研究 　　　　　　　　大学における研究
〜から／まで／と N すること　→ 　　〜から／まで／と＋の N	春から休業すること　→　春からの休業 12 時まで営業すること　→　12 時までの営業 企業と協力すること　→　企業との協力

ポストタスク

1. メインタスクで書いたレポートをもとにメモを作り、3分くらいで発表しよう。
   発表には、メインタスクの①〜④の内容を含めよう。

【メモの例】

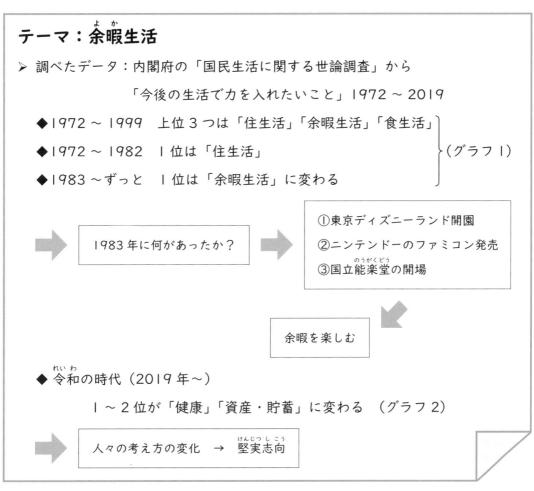

> テーマ：余暇生活
>
> ➤ 調べたデータ：内閣府の「国民生活に関する世論調査」から
>
> 　　　　　　　　「今後の生活で力を入れたいこと」1972 〜 2019
>
> ◆1972 〜 1999　上位 3 つは「住生活」「余暇生活」「食生活」
> ◆1972 〜 1982　1 位は「住生活」　　　　　　　　　　　　　　　（グラフ 1）
> ◆1983 〜ずっと　1 位は「余暇生活」に変わる
>
> 1983 年に何があったか？　➡　①東京ディズニーランド開園
> 　　　　　　　　　　　　　　　②ニンテンドーのファミコン発売
> 　　　　　　　　　　　　　　　③国立能楽堂の開場
>
> 余暇を楽しむ
>
> ◆令和の時代（2019 年〜）
> 　　　　1 〜 2 位が「健康」「資産・貯蓄」に変わる　（グラフ 2）
>
> 人々の考え方の変化　→　堅実志向

＊グラフ 1 は 38 ページの図 1、グラフ 2 は 39 ページの図 2。

【上のメモに基づいた発表の例】◀))2

2. 他の人の発表を聞こう。要点を聞き取り、メモを取ろう。

以下はメインタスクの【レポートの例】である。内容や構成について自分が書いたレポートと比較し、振り返ってみよう。

【レポートの例】

余暇生活について

ジュリア・ロッシ

　私の生まれ育った地域では、趣味やレジャー活動を行う余暇生活を、仕事と同じかそれ以上に大切だと考えている人が多い。そこで、日本では人々が余暇生活をどれくらい重視しているのかを調べることにした。

　日本の内閣府が毎年実施している世論調査[1]に「今後の生活で力を入れたいこと」というものがある。この調査では、いくつかの選択肢の中から「力を入れたいこと」を選ぶようになっている。その選択肢の中から、「余暇生活」の順位を「住生活」や「食生活」と比較してみた。図１は、その結果を示している。

　図１を見てわかるように、1972年から1999年まで、「住生活」「余暇生活」「食生活」が回答[2]の１位〜３位を占めている。詳しく見ていくと、1972〜1982年の11年間は「住生活」が１位で、「余暇生活」「食生活」

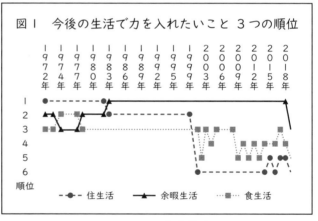

図１　今後の生活で力を入れたいこと　３つの順位

は２位や３位だった。しかし、1983年からは、長い間「余暇生活」が１位となっている。では、「余暇生活」が１位となった1983年はどのような年だったのだろうか。

　この年の４月、アメリカ国外においては初となるディズニーランドが日本で開園した。この東京ディズニーランドは、たちまち人気を博し、その年の終わりまでに来場者数は990万人を上回ったという。また、同じ年の７月には任天堂が家庭用ゲーム機、ファミリーコンピュータ（ファミコン）を発

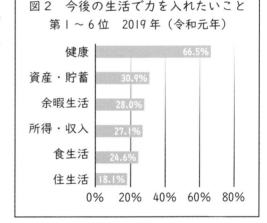

売した。ファミコンは、手軽に家庭で遊べるゲーム機として人気が上がり、2年間で350万台を販売した。その他にも、9月に国立能楽堂が開場した。このことから、1983年は、人々の生活スタイルが変わり、より余暇を楽しむことに意識が向いた年だったと言えよう。

　2001年から回答の選択肢が増え[3]「住生活」「食生活」の順位は落ちたが「余暇生活」は変わらずに2018年の平成時代の終わりまで1位だったことが明らかとなった。このことから、余暇活動は個人の生活を充実させ、普段の生活の活力を得る上でなくてはならないものだという意識が定着してきたのだと考えられる。

　ところが、令和元年である2019年の調査から「健康」という選択肢が新しく加わると、それが圧倒的な1位となり、「余暇生活」は「健康」「資産・貯蓄」に次いで、3位となった。図2[4]がその結果であるが、余暇を楽しむことよりも、「健康」や「資産・貯蓄」といった今後の生活の資本となるものに人々の目が向けられたことがわかる。人々の考え方が、より堅実志向となったと言えよう。

図2　今後の生活で力を入れたいこと
第1〜6位　2019年（令和元年）

健康	66.5%
資産・貯蓄	30.9%
余暇生活	28.0%
所得・収入	27.1%
食生活	24.6%
住生活	18.1%

注
（1）内閣府の「国民生活に関する世論調査」は、日本全国の数千人を対象とし、調査員が対象者を訪問して面接によって行われている。その結果は、内閣府のホームページ（https://survey.gov-online.go.jp/index-ko.html）で見ることができる。
（2）この回答の選択肢は、「食生活」「衣生活」「耐久消費財（電気製品や家具、自動車など）」「住生活」「レジャー・余暇生活」の5つと「その他」「ない」「わからない」などであった。
（3）この年、選択肢が3つ増え、この年から2位に「所得・収入」などが入るようになった。
（4）グラフは、複数回答の結果を示したものであるため、合計が100%ではない。

図1、図2の出典：「国民生活に関する世論調査」（内閣府）https://survey.gov-online.go.jp/index-ko.html の昭和47年〜令和元年の「調査結果の概要　今後の生活の力点」の数値をもとに本書執筆者が作成

漢字の言葉

1. 次の言葉がわかるか確認しよう。

①重視　②福祉　③趣味　④観戦

⑤順位　⑥以降　⑦傾向　⑧調査

⑨実施　⑩年齢　⑪世論　⑫今後

⑬健康　⑭資産　⑮選択肢　⑯手軽

⑰販売　⑱圧倒的　⑲収入　⑳面接

2. 次の文を読んで、お互いに質問しよう。

Q1　どんな年齢の人でも手軽に楽しめる趣味は何だと思いますか。

Q2　健康のために何か毎日していることがありますか。

Q3　最近スポーツ観戦をしましたか。何を見ましたか。

Q4　あなたの好きな映画やドラマに順位をつけるとすると、1位から3位は何ですか。

Q5　あなたの住んでいる国や地域で、人気があるスポーツは何ですか。圧倒的に強いチームがあったら教えてください。

Q6　現在販売されている商品の中で、面白いと思ったものがありますか。

Q7　日本語でアルバイトの面接を受けたことがありますか。どうでしたか。

Q8　大学を卒業することによって、今後、あなたの人生の選択肢は増えますか。

Q9　あなたの住んでいる国や地域では、どのような世論調査が実施されていますか。

Q10　あなたの住んでいる国や地域では、資産とは、例えばどんなものですか。

3

振り返り

1. この課を終えて、今、次のことがどのくらいできるか考えてみよう。

			よくできる	できる	もう一息
日本語	生活の中で大切なものについて自分の考えを話す	プレタスク	☺	☺	😐
	レジャー活動に関する情報を読み取る	プレタスク	☺	☺	😐
	欠かせないメディアについて読み取った情報をもとに話す	プレタスク	☺	☺	😐
	調べたことをもとにレポートを書く	メインタスク	☺	☺	😐
	レポートに書いたことを、データを紹介しながら発表する	ポストタスク	☺	☺	😐
	他の人の発表の要点を聞き取り、メモを取る	ポストタスク	☺	☺	😐
	テーマに関する言葉や表現を使う		☺	☺	😐
考え方	時代や環境によって、「なくてはならないもの」が変わる／異なることを理解する		☺	☺	😐

2. この課を通して、どのようなことに気付いたり考えたりしたか書こう。

第4課 「幸せ」って何だろう？

あなたにとって「幸せ」とは何だろうか。
あなたは、どんな時「幸せだなぁ…」と感じるのだろうか。
「幸せ」について、考えてみよう。

プレタスク	自分の考えを話す 情報を読み取る 資料を見て話し合う
メインタスク	調べたことをもとに発表する
ポストタスク	発表したことをレポートに書く

I. あなたにとって一番幸せな瞬間は、どのような時か。インターネットで「あなたにとって幸せな瞬間は？」というトピックで検索してみると、次のような回答があった。あなたはどうだろうか。お互いに話してみよう。

あなたにとって幸せな瞬間は…？

「家族や友人と、何げないことで笑ったりおしゃべりしたりしている時。」

「子どもが生まれた瞬間。生まれてきた子を見た時、うれしくて涙が出た。」

「大学に合格した瞬間。」

「結婚式を挙げた日。」

「高校の部活で優勝した時。あのころは何もかもが楽しかった。」

「山の上の露天風呂につかっていて、遠くに海が見えた時。」

「これまで大変なこともいっぱいあったけど、いいこともたくさんあった。
　だから、今、生きているってことが幸せ！」

「おいしいものを食べた時！」

何げない：in a casual manner　合格する：to pass an examination, to receive an offer from (a university)

結婚式を挙げる：to hold a wedding ceremony

露天風呂：open-air bath, outdoor bath　つかる：to soak in (the bath)

2. 「幸福度ランキング」について見たり聞いたりしたことがあるだろうか。実は「幸福度ランキング」にはさまざまなものがあり、ランキングは「指標」、つまりランキングを作る時の基準次第で異なる。以下は、日本のある県の幸福度について、2つの異なるランキングを比較した資料である。資料を見て質問に答えよう。

1) 「幸福度ランキング（1）」と「幸福度ランキング（2）」で使用している指標には、どのような違いがあるか。

2) 2つのランキングはどのように異なっているか。

まず一つ目のランキングを見てみよう。

幸福度ランキング（1）*

調査の概要：2003年度〜2006年度の4ヵ年
　　　　　　日本全国の20〜65歳の男女、14,086人

調査の質問：「あなたは普段どの程度幸福だと感じているか」
　　　⇒　回答者に幸福度の高さを0〜10点で答えてもらった。

調査の結果：		人口の多い都府県の結果は…	
1位	兵庫県	東京都	7位
2位	熊本県	神奈川県	8位
3位	岡山県	大阪府	14位
4位	滋賀県	愛知県	29位
5位	佐賀県		

*「くらしの好みと満足度についてのアンケート」
　大阪大学大学院経済学研究科　筒井義郎教授（当時）らによる調査

このランキングでは兵庫県が1位である。このランキングの重要な点は、この調査が「主観的な指標」を使っているということだ。
　次に、別のランキングを見てみよう。

幸福度ランキング (2)＊＊

調査の概要：2011 年

厚生労働省や総務省の資料から 40 の指標を選んだ。

調査の結果：　1 位　福井県

2 位　富山県

3 位　石川県

4 位　鳥取県

5 位　佐賀県

熊本県

人口の多い都府県の結果は…

東京都　　38 位

神奈川県　33 位

大阪府　　47 位

愛知県　　21 位

＊＊坂本光司＆幸福度指数研究会　『40 の指標で幸福度をランキング！

日本でいちばん幸せな県民』PHP 研究所より

　面白いことに、兵庫県は、「幸福度ランキング（1）」でトップだったにもかかわらず、「幸福度ランキング（2）」では 45 位となっている。「幸福度ランキング（2）」は何を指標としているのだろうか。「幸福度ランキング（2）」の 40 の指標のうちのいくつかは、以下のようなもので、客観的な指標であることがわかる。

出生率　持ち家があるか　家の広さ　労働時間　仕事があるか

正社員か　失業率　貯金　借金　犯罪の件数　交通事故の件数

火事の件数　1 日の休み・くつろぎ時間　1 日の趣味・娯楽時間

医者の数　病院の数　医療費　平均寿命　死亡者数　自殺死亡者数

　以上の指標の中で、兵庫県がトップになったのは、「労働時間」だけだった。兵庫県の「労働時間」は、月平均で全国で最も短い 138.5 時間で、この場合、短ければ短いほど幸福だと考えられている。

参考：山根智沙子、山根承子、筒井義郎（2008）「幸福度で測った地域間格差」『行動経済学』第 1 巻. pp. 1-26. 行動経済学会
坂本光司＆幸福度指数研究会（2011）『40 の指標で幸福度をランキング！ 日本でいちばん幸せな県民』PHP 研究所

3. 以下は、2つの世界の幸福度ランキングにおける上位の国と日本の順位を示した表である。2つのランキングを見て、気付いたことを話し合おう。

	The Happy Planet Index	Better Life Index
発表者	Wellbeing Economy Alliance	OECD（経済協力開発機構）
調査年	2020 年	2020 年
対象国	152 ヵ国	41 ヵ国
順位	1 位　コスタリカ 2 位　バヌアツ 3 位　コロンビア	1 位　ノルウェー 2 位　アイスランド 3 位　スイス
日本は	57 位	30 位
指標	生活満足度・平均寿命・ エコロジカルフットプリント*	住宅・所得・仕事・コミュニティ・ 教育・環境・市民参加・健康・安全・ 生活満足度・ワークライフバランス

*人間の暮らしがどのくらい自然環境に依存しているかを伝える指標。食料やエネルギーなどの利用が環境に与える負荷について計算し、数値で表している。

参考：Abdallah, S., Abrar, R. & Marks, N. (2021) *The Happy Planet Index 2021 Data File. Accessed from* www.happyplanetindex.org
Better Life Index ©OECD https://www.oecdbetterlifeindex.org/#/11111111111 （2022 年 12 月 19 日アクセス）

プレ
タスク

指標：index, indicator	普段：usually	主観的：subjective
客観的：objective	出生率：birth rate	持ち家：one's own house
正社員：full-time employees	所得：income	娯楽：amusement, recreation
寿命：life expectancy	依存する：to depend on	負荷：(environmental) burden
数値：numerical value		

メインタスク

「幸福度」について、自分の考えをまとめ、メモを作って発表しよう。

「プレタスク」でわかったことを振り返ろう。
- 「幸福度」を計る時に必要な「指標」とは何か。
- 「幸福度ランキング（1）」と「幸福度ランキング（2）」の違いは何か。
- 世界で調査した2つの「幸福度ランキング」の違いは何か。
- それぞれのランキングに出ている国や地域にはどのような特徴があるか。

自分で一つの地域を選び、その地域の幸福度について述べられているランキングの資料を、インターネットなどを使って探してみよう。

あなたが「幸福度」を考える時、大切だと思う「指標」は何か。

プレタスクで挙げられている「指標」をもとに考えてみよう。

この他にも「指標」として考えられるものはあるか。

次のページのような構成で5分程度の発表をしよう。

《発表の構成》

✧ 始めの部分   ● 自分が調べた「幸福度ランキング」の簡単な紹介
✧ 中心（メイン）の部分   ● 「幸福度ランキング」の「指標」や考え方について簡単に説明   ● 自分が選んだ地域が、ランキングの何位に入っているかを示す   ● なぜその順位なのか、自分の考えを述べる   ● （2つのランキングを調べた場合は比較する）
✧ 終わりの部分   ● 調べてわかったことを、簡単にまとめる   ● それについての自分の考えを、もう一度述べる   ● 「幸せについて考える時に何が大切か」「人々の幸せのために、私たちは何をすべきか」などについて、自分の考えをまとめる

【メモの例】

✧ 始めの部分   ・日本について調べたい   ・国連の「世界幸福度レポート」（ホームページあり）を参考にする   ・2012 年から、毎年 3 月 20 日の国際幸福デーに発表されている   ✧ 中心（メイン）の部分   ・150 ヵ国以上で調査した   ・主観的な調査   ・質問は「自分の幸福度が 0 から 10 までのどの段階にあると思うか」   ・日本の順位（2012 年からの変化を表で示す）   ・ランキングを 6 つの項目で分析   ・GDP ランキング、長寿国ランキングなどとの比較   ・項目別に日本のランキングを見る   ✧ 終わりの部分   ・豊かな経済、医療の発展の反面、チャリティに積極的でなかったり社会や政治に不満を感じたりしている   ・日本はあまり幸せな国ではないのではないか   ・お金や食べ物はともかく、精神的な豊かさが大切

4

メイン
タスク

文型・表現

1) N 次第だ、N 次第で　it depends on N, depending on N

◆　「N によって／N に対応して、何かが決まる」という時に使う。

This expression is used when "a situation is determined depending on/in response to" some other factor.

a.　週末をどう過ごすかは、天気次第だ。

b.　夢がかなうかどうかは、あなた次第です。　　　　　（夢がかなう：dreams come true）

c.　奨学金がもらえるかどうかは、成績次第で決まる。　　　（奨学金：scholarship）

2) X にもかかわらず、Y　Y despite X

◆　「X という状況から予想していたこととは違う結果になった」という時に使う。Y には、意外な／不満に思う気持ちを表す文が来る。X に入る活用形は、以下の通り。それぞれ、否定形にも接続する。

This expression is used when "a result has been produced that is different from what was expected based on X." A sentence that expresses feelings of surprise or disappointment is used for Y. Below are the conjugated forms to be used for X. The negative forms of each can also be used in the same way.

```
V(p) ／ A(p) ／ N
AN（なの、である、だった、であった）  ＋にもかかわらず
N（なの、である、だった、であった）
```

a.　全然勉強しなかったにもかかわらず、テストの結果は良かった。

b.　反対意見が多いにもかかわらず、その計画は実行されることになった。

c.　雪山は危険なのにもかかわらず、兄は出発してしまった。

d.　雨だったにもかかわらず、試合は行われた。

3) 〜ば〜ほど the more ~, the more ~

◆ 「あることが変われば、別のことも変わる」という時に使う。

This expression is used when "as one thing changes, another thing also changes."

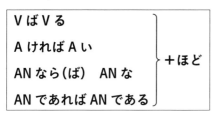

V ばV る
A ければ A い
AN なら（ば）　AN な
AN であれば AN である

＋ほど

【注意】「N する動詞」、「AN であれば」の場合、次のような言い方がある。

NOTE: If this expression is used with a noun + suru verb or with AN であれば, it can take the following forms.

例：勉強すれば勉強するほど　⇒　勉強すればするほど
　　簡単であれば簡単であるほど　⇒　簡単であればあるほど

a. この本は難しくて、読めば読むほどわからなくなった。

b. どんなスポーツでも、練習すれば（練習）するほど上手になる。

c. パーティーは人が多ければ多いほど楽しいと思う。

d. 説明は、具体的であれば（具体的で）あるほどわかりやすいと言われている。

4) N はともかく（として）、〜 regardless of N, ~

◆ 「N については、今は問題にしないで／考えないで、〜のことを先に考える、重視する」という時に使う。

This expression is used to indicate that the subject will "first think about or prioritize ~, without worrying/thinking about N for the moment."

a. あの店の料理は、味はともかく（として）、量が多くて安いから、学生に人気がある。

b. 他の人のことはともかく、今は自分のことを考えなさい。

文型
・
表現

5) Ｎからすると、Ｎからすれば、Ｎからして　　from N's perspective

◆ 「Ｎの立場／Ｎの点から考えると」という時に使う。

This expression is used to mean "when one thinks from the position or standpoint of N/the perspective of N."

a. 海外で育った<u>私からすると</u>、日本では、多くの人が人目を気にしすぎると思う。

b. 最近は犬におしゃれな服を着せる人が多いが、<u>犬からすれば</u>迷惑かもしれない。

c. Ａさん「山田さんは東京の方でしたっけ？」

　　 Ｂさん「う〜ん…。あの<u>アクセントからして</u>、関西の出身じゃないかな…。」

6) Ｖない＋ざるを得ない　　have no choice but to V

◆ 「ある理由から、するしかない／しなければならない／する必要がある」という時に
使う。

【注意】「(N) する＋ざるを得ない」の場合は、「(N) せざるを得ない」となる。

This expression is used when the subject "has no choice other than to do ~ / must do~ / needs to do ~, for a certain reason."

NOTE: (N) する＋ざるを得ない becomes (N) せざるを得ない.

a. 台風のため新幹線が止まってしまった。旅行は<u>あきらめざるを得ない</u>だろう。

b. 大けがをして、サッカーを<u>やめざるを得なかった</u>。

c. 医者から「甘いものを食べ過ぎないように」と言われた。大好きなチョコレートを
<u>我慢せざるを得ない</u>。

メインタスクで発表した内容について、48ページにある構成でレポートを書こう。

※参考

レポートを書いた後に、次の【レポートの例】を読んで内容や構成などについて比較し、書いたレポートを振り返ってみよう。

4

【レポートの例】

意識を変える必要性

横山　ケン

　3月20日は国際幸福デーであり、国際連合（国連）は、2012年から毎年（2014年を除く）この日に、「世界幸福度レポート」の中で世界の国の幸福度ランキングを発表している。

　このランキングは、150カ国以上の国で行われた「主観的な調査」がもとになっている。この「主観的な調査」は、各国における世論調査で「自分の幸福度が0から10までのどの段階にあると思うか」という質問に回答するというものだ。日本は、このランキングでどの位置にいるのだろうか。2012年からの順位は以下の通りである。

年	2012	2013	2015	2016	2017	2018	2019	2020
順位	44	43	46	53	51	54	58	62

　この表が示すように、日本のランクは次第に下がっている。2020年現在、GDPランキングではアメリカ、中国に次いで世界第3位、長寿国ランキングでは世界第1位の日本だが、なぜこのように低い順位になるのだろうか。

「世界幸福度レポート」では、この結果を、次の6つの項目を使って分析している。

1.　人口あたりの GDP（GDP per capita）
2.　社会的支援（Social support）
3.　健康寿命（Healthy life expectancy at birth）
4.　人生の選択の自由度（Freedom to make life choices）
5.　寛容さ（Generosity）
6.　腐敗の認識（Perceptions of corruption）

それによると、上の項目のうち、特に「5．寛容さ」と「6．腐敗の認識」のところで、日本の結果が低いことがわかった。「寛容さ」は「過去1ヵ月の間にチャリティなどで寄付をしたことがあるかどうか」について、「腐敗の認識」は「不満や悲しさ、怒りを抱えていないか、社会や政府が腐敗していないか」についての回答である。

　　日本は経済的に豊かで、医療が発達し、人々が健康に長生きできる国である反面、人々はチャリティに対して積極的でなかったり、社会や政治に対して不満を感じていたりしているということだ。このような指標からすると、日本はあまり幸せな国ではないと言わざるを得ない。日本はお金や食べ物はともかく、もっと精神的な豊かさを求めて意識を変えていくべきではないかと感じた。

参考：国際連合「世界幸福度レポート（World Happiness Report）」https://worldhappiness.report/（2020年3月24日アクセス）

漢字の言葉

1. 次の言葉がわかるか確認しよう。

①瞬間　②幸福　③次第　④比較

⑤概要　⑥普段　⑦主観的　⑧客観的

⑨労働　⑩失業率　⑪貯金　⑫犯罪

⑬医療　⑭平均　⑮段階　⑯項目

⑰支援　⑱寄付　⑲不満　⑳発達

2. 次の文を読んで、お互いに質問しよう。

Q1　あなたが幸福だと感じる瞬間はどんな時ですか。

Q2　「平均的な生活」と聞いて、どのような生活を思い浮かべますか。

Q3　普段の生活で、何か不満に思うことがありますか。

Q4　子どもの時、貯金をして買ったものがありましたか。あれば、どんなものでしたか。

Q5　今までに、寄付をしたことがありますか。どこにしましたか。

Q6　昔と今を比較すると、テクノロジーの発達によって、医療にはどのような変化があったと思いますか。

Q7　あなたが住んでいる国や地域では、最近どのような犯罪が増えていますか。

Q8　失業率が高い地域に対して、どのような支援が必要だと思いますか。

Q9　幸福について調査する時、主観的指標と客観的指標のどちらを使って調べるのがいいと思いますか。

Q10　最近調べた何かのランキングについて、その概要を教えてください。

振り返り

1. この課を終えて、今、次のことがどのくらいできるか考えてみよう。

				よくできる	できる	もう一息
日本語	幸せについて自分の考えを話す	プレタスク		😊	☺	😐
	「幸福度ランキング」に関する資料を見て、情報を読み取る	プレタスク		😊	☺	😐
	複数の「幸福度ランキング」を見て話し合う	プレタスク		😊	☺	😐
	幸福度について、調べた情報をもとに発表する	メインタスク		😊	☺	😐
	発表したことをもとにレポートを書く	ポストタスク		😊	☺	😐
	テーマに関する言葉や表現を使う			😊	☺	😐
考え方	示された情報（データ）を鵜呑みにしてはいけないことがわかる （鵜呑みにする：blindly believe）			😊	☺	😐

2. この課を通して、どのようなことに気付いたり考えたりしたか書こう。

```



```

第5課 「○○らしい」とは？

「○○らしいね」「○○的だね」などと言われることがある。
なぜそう思うのか、それは本当に「○○らしい」「○○的」なのか、
他の捉え方はできないか、考えてみよう。

プレタスク	自分の経験や考えを話す
	会話を聞く

メインタスク	文章を読む

ポストタスク	意見文を書く

I. 「○○らしい」「○○的」「○○っぽい」という表現を聞いたことがあるだろうか。

1) それぞれどのような意味か、お互いに話してみよう。

大人っぽいヘアスタイル？

子どもらしい遊び？

日本的なサービス？

日本人っぽい話し方？

日本人的な考え方？

大学生らしい服装？

2) 「日本／日本人らしい」「日本／日本人的」と聞いた時、何を思い浮かべるだろうか。また、なぜそれが「日本／日本人らしい」「日本／日本人的」だと思うのか、お互いに話してみよう。

話を聞きながら、うん、うん、とうなずいている人を見ると「日本人っぽいな」と感じる。

落とした財布が交番に届けられて戻ってきた。「日本らしい」と思った。

旅行のお土産のお菓子を、サークルのみんなにあげたら、留学生の友達から「日本的だね」と言われた。

3) あなたは「○○らしい」「○○的」と言われたことがあるか。
どんな時に言われて、その時どう思ったか、話してみよう。

2. 大学の交流会で、日本人学生と留学生が話している。二人の会話を聞いて、次の
質問に答えよう。

1) まず、会話を聞いて、聞き取れたことをメモしよう。🔊 3　🔊 4

2) 次の点に注意して、もう一度聞こう。

会話A 🔊 3
①　留学生は、何について「なぜしてはいけないかわからない」と思っているか。

②　日本人学生は、そのことについてどう説明しているか。

会話B 🔊 4
①　留学生は、何について驚いたと言っているか。そのことについて、どう感じ
ているか。

②　日本人学生は、そのことについてどう考えているか。

3)　二人の話を聞いて、どう思ったか。お互いに話してみよう。

4)　インターネットでこれらの話題について検索して、他にどのような意見があるか
調べてみよう。

次の文章は、ブリギッテ・シテーガ（2002）「居眠りする日本人」から一部抜き出したものである。

I. 文章を読んで、62 ページの質問に答えよう。

居眠りとは、すなわち「居」ながらにして「眠る」ことである。眠りの深さや長さ、あるいは姿勢とは無関係に、何かほかのことをしながら眠っている状態が「居眠り」なのだ。たとえば、実際は電車に乗って移動する間に眠ったり、授業中や会議中に眠ったりする状態がそれである。

「居眠り」を話題にすると、決まって「日本は安全な国だ」という話になる。安全だからこそ、これほど多くの人が眠るというわけだ。

この「安全説」には、かなり説得力がある。主観的な安心感というものは、人間が眠る上での前提条件である。地震やオウム真理教^注、痴漢といった危険因子があるにせよ、日本はまだまだ安全な国のようだ。とはいえ、公共の安全や秩序のおかげで居眠りするのだ、と言い切ることはできない。安全だと感じている人すべてが、自動的に眠りに落ちるわけではないからである。

筆者が行ったアンケートの回答者の多くが、居眠りの間は「本当には眠っていない」と答えていた。大抵の場合、リラックスするために目をつぶっているだけだという。精神を休めることは、居眠りの持つ非常に重要な機能のようだ。特に、目は外界からひっきりなしに受ける刺激を、ある程度まで遮断することのできる唯一の感覚器官である。しかも、まぶたを閉じるだけですむ。（中略）

意識的な眠りと無意識の眠りのほかに、もうひとつ居眠りの種類がある。それは眠ったふりをして目をつぶること、つまり「狸寝入り」である。居眠りの社会的機能に関する分析で、狸寝入りのメリットが明らかにされている。その際、生理学的見地から眠っているのか、それとも目をつぶっているだけなのかということは問題ではない。むしろ、その場に居合わせた人から見て眠っているように見えるのか、あるいは少なくともそう思わせているかが重要なのである。

公の場での眠りには、目をつぶることで社会生活から自分を遠ざける、また

は「社会的に不在になる」という大切な機能がある。筆者はこれを「社会的マジック帽子（隠れ蓑）」と呼んでいる。（中略）

　「社会的マジック帽子」との関連では、（中略）注目すべきは、人と人が出会った場合、何らかの形で社会的・相互的に振る舞う必要があるといった点である。たとえば、電車やバスなどでお年寄りや妊婦が乗車してきたら、席を譲るものだとされている。しかし、目をつぶっていれば、すなわち社会的に不在であれば、最初から一連の出来事に巻き込まれずにすむ。面白いことに、東京の地下鉄の「マナー・ポスターコンテスト」（1996年）では、車内で眠る狸を指して、お年寄りに席を譲るよう呼びかける内容の作品が一位に選ばれている。

　遠距離交通機関で、特に指定席がある場合、席を譲らねばという道徳的プレッシャーは少なくなるが、隣りの乗客から話しかけられて、迷惑を被る恐れがある（場合によっては何時間も）。しかし、そこで目さえつぶれば、そうした事態が避けられる。すぐさま個人の空間を作って、「私」を確保できるのである。居眠りは、社会的な義務から免れるための便利な手段となるのだ。（後略）

ブリギッテ・シーガ（2002）「居眠りする日本人」選書メチエ編集部（編）
『ニッポンは面白いか』講談社、pp.84-97 より一部抜粋

注：オウム真理教は、かつて存在した日本の宗教団体で、「地下鉄サリン事件」など、多くの凶悪
　　事件を起こした。

メインタスク

眠っていないのに眠っているふりをすることを「狸寝入り」と言うが、なぜ他の動物ではなく、狸なのだろうか。さまざまな説があるが、狸は臆病な動物で、攻撃を受けた時に一時的に気を失って動けなくなり、しばらくしてから復活して逃げる様子が寝たふりをしていたように見え、「狸寝入り」と言われるようになったとの説がある。また、昔話で狸が人をだますいたずら者のイメージで描かれているのも、この習性に関係しているようだ。

1) 日本の電車の中などで居眠りをする人が多いことについて、よく挙げられる理由は、どのようなことだと言っているか。

2) アンケートの結果、日本人の「居眠り」についてどんなことがわかったと言っているか。

3) 電車の中など公の場での「居眠り」にはどのような機能があると言っているか。

4) 「狸寝入り」と同じ機能を果たしている「社会的マジック帽子（隠れ蓑）」が他にあるだろうか。考えてみよう。

5) この文章は長いエッセイの一部を抜き出したものである。もしあなたがこの文章の最後に「まとめ」の文を付け加えるとしたら、どのような文を書くか、考えよう。

2. 筆者の考えについてどう思うか、お互いに話し合おう。

文型・表現

1) S(p) からと言って〜ない　　just because S(p), it is not the case that ~

◆ 「X からと言って Y ない」の形で、X という理由や原因だけでは、Y と言うことはできないという意味を表す。Y には、次の 2) に示す「〜とは限らない」や、「〜とは言えない」、「〜わけではない」などの表現が来ることが多い。

In the form X からと言って Y ない, this expression means that "Y cannot automatically be assumed, simply because of reason/cause X." Expressions such as 〜とは限らない (it is not necessarily the case that ~) in 2) below, 〜とは言えない (it cannot be said that ~) or 〜わけではない (it does not mean that ~) are often used for Y.

a. 英語が話せるからと言って、通訳になれるわけではない。
b. 若いからと言って、無理をしすぎてはいけない。
c. お金持ちだからと言って、幸せだとは限らない。

5

2) S(p) とは限らない　　not necessarily S(p)

◆ いつも〜というわけではない、そうではない場合がある、という意味。「いつも／誰でも／必ずしも」などと一緒に使うことが多い。

This expression means "it is not always the case that ~ / there are cases where ~ is not true." It is often used with words such as いつも (always), 誰でも (everyone), or 必ずしも (invariably).

a. 日本人だからと言って、誰でも日本語が教えられるとは限らない。
b. 高いレストランがおいしいとは限らない。
c. 一人暮らしが長くても、料理が上手だとは限らない。

3) S1(p) とはいえ、S2　　although S1(p), S2

◆ 「S1 から想像されることとは違って、実際は S2 だ」という意味のかたい表現。「とはいえ」だけを文の最初に使うこともある。

This is a formal expression with the meaning of "the actual situation is S2, which is different from what might be expected from S1." Sometimes, とはいえ alone is used to begin a sentence.

a. この大学は東京にあるとはいえ、静かで自然も豊かだ。
b. 日本は安全だと言われている。とはいえ、遅い時間に暗い道を一人で歩くのは危ない。

4) V（る、ない）／N＋よりむしろ　rather than V/N, actually

◆ 「X よりむしろ Y」の形で、「X と Y を比べると、私は Y の方が〜だと思う」と言いたい時に使う。一般的な意見から考えると少し意外だと思われる方を選ぶ時に使う。「むしろ」だけを文の最初に使うこともある。

In the form of X よりむしろ Y, this expression is used when the speaker wants to say that "comparing X and Y, I think that Y is actually more ~." It is used when choosing the thing that is slightly unexpected from a typical point of view. Sometimes, むしろ is used alone at the start of a sentence.

a. 今年の夏休みは、遠くへ旅行するよりむしろ近くでのんびりしたい。

b. 私は辞書アプリよりむしろ紙の辞書の方が好きだ。

c. 自立した子どもに育てたいからと言って、厳しくするのはよくない。むしろ、子どもの時に甘えさせてやる方がよいと思う。

5) V（る、ない）＋ものだ、V（る）＋ものではない　one should/shouldn't V

◆ 「道徳的、常識的に、〜する／しないのが当然だ」と言う時に使う。相手に言い聞かせる時にも使う。「〜もんだ」は話し言葉。

This expression is used to say that "as a matter of course one does/doesn't do ~, from a moral / commonsense perspective." It is also used to tell the other person to do something. 〜もんだ is the colloquial form of this expression.

a. 学生は勉強するものだ。

b. 父はよく、人との約束は破るものではないと言っていた。

c. 母に「目上の人にそんな態度を取るもんじゃないよ！」としかられた。

6) Vた／Aい／ANな＋ことに   V-ing-ly, A/AN-ly

◆ 今から話すことについてどう思ったか、感じたかを強調したい時に使う。「ことに」の前には感情を表す言葉が入るが、限定的なので、次の例以外は使わない方がよい。

This expression is used when the speaker wants to emphasize the way he/she felt about the thing that he/she is about to speak about. In this expression, words that express emotion are inserted before ことに, but only a limited range of words can be used, so it is best not to use words other than the following.

困った	驚いた	あきれた	うれしい	悲しい
面白い	悔しい	ありがたい	残念な	幸せな

a. 驚いたことに、先月まで本屋で一緒にアルバイトしていた友人が歌手としてデビューした。

b. うれしいことに、私が SNS にアップした写真に「いいね」がたくさんついた。

c. 残念なことに、台風で旅行が延期になってしまった。　　　　　（延期：postponement）

5

文型
・
表現

65

ポストタスク

何かについて「○○らしい」「○○的（てき）」「○○っぽい」と感じ（かん）たことがあるだろうか。そのような例（れい）を１つ選び、次（つぎ）の構成（こうせい）を参考（さんこう）にメモを書いて考えをまとめ、文章（ぶんしょう）を書こう。

《文章（ぶんしょう）の構成（こうせい）》

✧　始めの部分（ぶぶん） 　● どのようなことについて「○○らしい」「○○的（てき）」「○○っぽい」、または「○○らしくない」「○○的（てき）ではない」「○○っぽくない」と思ったか 　● なぜそう思ったか（今まで持っていたイメージ、理由（りゆう）など）
✧　中心の部分（ぶぶん） 　● そのことについて、インターネットで調（しら）べてわかったこと
✧　終わりの部分（ぶぶん） 　● 調（しら）べてわかったことをもとに、自分の意見を述（の）べる

【メモの例（れい）】

✧　日本は今もまだ現金を持ち歩く必要がある 　　現金しか使えないところもあり、現金を使っている人が多い 　　日本は技術的に進んでいると思っていたので、日本らしくないと思った ✧　→　インターネットで「日本、現金、なぜ」というキーワードで検索 　　いろいろな意見： 　　　　・変化が嫌い＝慣れている現金の方がいい 　　　　・現金でも安心＝治安がいいので持ち歩いても大丈夫 　　　　　　　　　　　　おつりを間違えられない 　　　　・簡単で便利＝ATM が多く、現金を引き出しやすい 　　　　　　　　　　　　自動でおつりが出るレジ 　　　　・考え方＝お金の大切さがわかる 　　　　　　　　　　いくら使ったか実感できる 　　　　・店側の事情もあるのでは？ 　　　　→　技術的な問題は見つからなかった ✧　一面的なとらえ方は× 　　日本らしくないと思っていたこと　→　実は日本らしいことかもしれない

文章を書いた後に、次の【意見文の例】を読んで内容や構成などについて比較し、書いた文章を振り返ってみよう。

【意見文の例】

日本でなぜキャッシュレス化が進まないのか

川口　アレックス

　日本に来て驚いたことの一つは、現金を持ち歩く必要があるということだ。今も個人の店などでは、現金しか使えなかったり、現金以外の支払いには「〇円以上の支払いのみ」という条件がついていたりする。そして何より、キャッシュレス決済ができる店でも、現金で払う人が多いことに驚く。日本は技術が進んでいる国だというイメージを持っていたので、今でも現金がよく使われているのは「日本らしくない」と思った。そこで、その理由を知りたいと思い、インターネットで調べてみることにした。

　インターネット上にはさまざまな意見があった。「慣れている現金の方がいい」というような、「変化が嫌い」を理由にする説、「治安がいいので現金を持ち歩ける」「おつりを間違えられる心配がないので現金を使っても問題ない」などの「安心」を理由にする説、「ATM が多く、現金を引き出しやすい」「レジで自動ですぐおつりが出る」という「簡単で便利」を理由にする説、さらには「お金の大切さがわかる」「現金の方がいくら使ったかを実感できる」という「お金に対する考え方」を理由にする説もあった。また、「カード会社などの手数料が高く、小さい店は導入しにくいのではないか」という店側の事情を指摘する声もあったが、技術的な問題に触れた記事は見当たらなかった。

　キャッシュレス化が進まないのは技術的な問題が原因なのではないかと思っていたが、実際に調べてみると、このようにさまざまな理由や解釈があることがわかり、興味深かった。自分が今まで一面的にしか物事を捉えていないことにも気付けた。インターネット上にあった情報には「安全」「安心」「便利」「大切にする」など、日本らしさを語る際によく挙げられる言葉が多いと思った。調べる前は、キャッシュレス化が進みにくいというのは、「日本らしくない」と思っていたが、実はそれこそが「日本らしい」ことなのかもしれない。

ポスト
タスク

漢字の言葉

1. 次(つぎ)の言葉(ことば)がわかるか確認(かくにん)しよう。

①眠る　②姿勢　③説得力　④前提

⑤条件　⑥秩序　⑦精神　⑧重要

⑨程度　⑩感覚　⑪距離　⑫道徳的

⑬迷惑　⑭事態　⑮確保　⑯義務

⑰結論　⑱決済　⑲指摘　⑳解釈

2. 次(つぎ)の文を読んで、お互(たが)いに質問しよう。

Q1　説得力のある話し方をするために、何が必要(ひつよう)だと思いますか。
Q2　異なる文化(ことぶんか)の中で人々と上手につき合うために必要(ひつよう)な条件とは何だと思いますか。
Q3　初(はじ)めて会った人と話す時、どの程度の距離をあけるのが普通(ふつう)ですか。
Q4　プライバシーを確保するために、何が最(もっと)も重要なことだと思いますか。
Q5　公共(こうきょう)の場所で迷惑な行動をする人を見たら、どうしますか。
Q6　日本で電車やバスなどの中で眠(ねむ)っている人を見たり、それについて聞いたりしたことがありますか。その時どう思いましたか。
Q7　道徳的なプレッシャーを感(かん)じることがありますか。どんな時ですか。
Q8　社会の秩序を守(まも)るために、どのようなことをする義務があると思いますか。
Q9　精神的(てき)にリラックスできない時や眠れない時、あなたはどうしますか。
Q10　買い物をする時、どの決済方法(ほうほう)を最(もっと)もよく利用(りよう)しますか。

振り返り

1. この課を終えて、今、次のことがどのくらいできるか考えてみよう。

			よくできる	できる	もう一息
日本語	自分の経験や身近な問題について考えを話す	プレ タスク	😊	🙂	😐
	会話を聞いて、要点を理解する	プレ タスク	😊	🙂	😐
	文章を読み、要点を理解する	メイン タスク	😊	🙂	😐
	構成を考え、意見文を書く	ポスト タスク	😊	🙂	😐
	テーマに関する言葉や表現を使う		😊	🙂	😐
考え方	自分の経験や見聞きした事について複数の視点から見る		😊	🙂	😐

2. この課を通して、どのようなことに気付いたり考えたりしたか書こう。

5

振り返り

第6課 「もったいない」は地球を救う？

近年、さまざまな角度から環境問題が取り上げられ、考える機会も増えている。
持続可能な世界を実現するために、私たちは何をすればいいだろうか。
食に関わる問題を中心に考えてみよう。

プレタスク	自分の考えを話す 記事を読む
メインタスク	講義の動画を見る コメントシートを書く
ポストタスク	コメントについて話し合う 調べたことを発表する

71

I. 「食品ロス」と聞くと、何を思い浮かべるか。話し合ってみよう。

フードバンク　賞味期限　消費期限

食べ残し　「もったいない」　持ち帰り用の容器

食品リサイクル　食品・食料・食糧

捨てる・廃棄する　環境

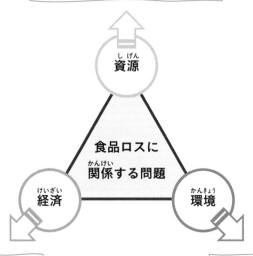

水・土地・エネルギーの損失

資源

食品ロスに
関係する問題

経済　　　　環境

企業や家庭の負担
市や町の税金の無駄遣い

自然破壊・地球温暖化

出典：（一社）産業環境管理協会
　　　資源・リサイクル促進センター WEB より作成

食品ロス：food loss, food waste　　　　賞味期限：a best-before date

消費期限：a use-by date, expiration date　　食べ残し：leftover

「もったいない」：it is a waste to　　持ち帰り用の容器：take-out (food) container

食糧：food supply　　廃棄する：to discard　　資源：resource

負担：burden　　破壊：destruction　　地球温暖化：global warming

2. あなたが知っている国や地域では、売られている食品に、日付が印刷されている
か。その日付にはどのような意味があるか。

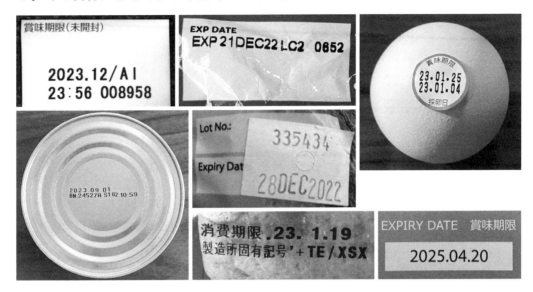

3. 日本では、野菜や果物は、いくつかまとめて袋などに入れて売られていることが
多い。まとめて売ることのメリット・デメリットは何だと思うか、食品ロスの観
点から考えよう。

プレ
タスク

4. 新聞記事を読んで、次の質問に答えよう。
1) この記事は何の問題について述べているか。
2) 農林水産省は何を呼びかけたのか。
3) 「ヤマダストアー」は何をしたのか。
4) この問題について、大手の会社はどのような対策を取ると言っているか。
5) この記事を読んで、どんなことを考えたか。

恵方巻き大量廃棄の悲劇防げるか
国が呼びかける事態に

朝日新聞デジタル 2019 年 1 月 16 日

　節分に向けて販売される「恵方巻き」の売れ残りが大量に廃棄されている問題を受け、農林水産省が業界団体に対し、食品廃棄の削減を呼びかける事態になっている。コンビニやスーパーはどう対応するのか。

　2017 年、廃棄された大量の恵方巻きの写真が SNS で拡散し、議論を呼んだ。行き過ぎた販売競争が大量の「食品ロス」を生み出しているとして、農水省は今月 11 日付で、「貴重な食料資源の有効活用」のため、需要に見合った販売をするよう、日本スーパーマーケット協会や日本フランチャイズチェーン協会などに文書で呼びかけた。

　農水省の通知文書では、売り方を見直した「ヤマダストアー」（兵庫県太子町）の事例を紹介している。前年の実績分だけ販売し、欠品が出ても追加販売しないようにしたところ、全 8 店舗中 5 店舗で完売し、廃棄量も減ったという。同社は今年も、実績以上の販売はしないとホームページで告知している。

　農水省の呼びかけを受け、流通大手の各社は「予約の強化」などの対策を挙げる。（中略）ただ各社とも、前年実績を上回る販売を目指す姿勢は変えておらず、食品ロスをどの程度減らせるかは未知数だ。そもそも、恵方巻きで毎年どのぐらいの廃棄が生じているのかが分かるデータはなく、削減対策の効果を検証するのは難しい。（後略）

悲劇：tragedy　　　事態：things, the situation

節分：the last day of winter in the traditional Japanese calendar

農林水産省：Ministry of Agriculture, Forestry and Fisheries of Japan

業界：industry	削減：cut, reduction	拡散：spreading	貴重な：valuable
需要：demand	見合う：to match	実績：past record	欠品：stock out
追加：addition(al)	店舗：store	対策：measures	検証する：to verify

メインタスク

1. 次の文章は大学の「環境研究」という科目の説明である。この授業ではどのようなテーマが取り上げられると思うか、考えてみよう。

> この科目では、地球市民のための環境リテラシーについて学ぶ。まず自然と人間との基本的関係について考え、人間の活動と密接に関係する環境汚染、地球温暖化、生物多様性の保全などの差し迫った自然環境問題、さらに、環境と社会の発展との関係について総合的に考察する。それによって、学生が、責任ある21世紀の地球市民として健全な自然環境と持続可能な世界を造り出すために何ができるかを考える。

2. 「環境研究」の担当教員が、食に関する問題について講義をしている。メモを取りながら聞こう。キーワードは何だろうか。▶ 4

藤沼 良典先生

3. もう一度講義を聞いて、次の質問に答えよう。▶ 4

1) 「食に関する問題」の何について話しているか。

2) 「流通」について、どのように説明しているか。

3) 「納品期限」「販売期限」「賞味期限」「消費期限」はそれぞれどのようなものか。

4) 「賞味期限」と「消費期限」に関してどのような問題があると言っているか。

5) 「フードロスを減らす」ために何が大切だと言っているか。

4. 講義の内容から学んだこと、疑問に思ったこと、その他気付いたことなどについて、コメントシートを書こう。

〈コメントシート〉

コース名：	教員名：	日付：
学籍番号：		名前：
質問／コメント：		

【コメントの例】

コース名：	教員名：	日付：
学籍番号：		名前：

質問／コメント：

何か1つ食品を例に、生産者から消費者に届く過程で、何がどれくらいゴミになっているか、需要と供給のバランスがどうなっているのかなど、具体的なデータを示していただけたら、もっと「それは大変だ！」と実感できたかもしれません。

日付：

名前：

質問／コメント：

今日聞いた1/3ルールについては、企業？ 国？ が協力して対応することが求められるのではないでしょうか。このままだと将来日本も食糧不足に苦しむことになると思います。

コース名：
学籍番号：

質問／コメント：

日本の「もったいない」という意識がアフリカの方から賞賛されたというニュースを見たことがありますが、今のまま食品を多く廃棄する状況が続くと、外国から「もったいない」という言葉を逆輸入することになりかねないのでは？ と思いました。

文型・表現

1) Ｖたこと／Ｖたの／Ｎ＋を受け in response to Ving/N
【新聞・ニュースなどで使われる言葉】 【expression used in newspapers/news broadcasts, etc.】

◆ 起きている問題や、状況、誰かの発言に対して、どのような対応をしたか言う時に使う。

This expression is used to describe what has been done in response to a problem or situation that has arisen or a statement made by somebody.

a. 大雪警報が出たことを受け、大学は授業を休講にすることに決めた。
b. 与党は世論調査の結果を受け、次の選挙の方針を変えた。 （与党：party in power）
c. 大人気のロックバンドが来日することが決まった。これを受け、各テレビ局は出演してもらうための交渉を始めた。 （交渉：negotiation）

2) S(p)として because S(p)
【新聞・ニュースなどで使われる言葉】 【expression used in newspapers/news broadcasts etc.】

◆ 「として」は「と考えて」「という理由で」という意味。「として」の後に続く出来事や行動について、どのように考えてそうするのか、どういう理由でそうなったのかを説明する時に使う。

として means "because they considered that ~," or "on the grounds that ~." This expression is used when the speaker wants to explain the thinking or reasons behind the incident or event that comes after として.

a. 表現の自由を守るために努力してきたとして、ジャーナリストの小林さんが「記者賞」を受賞した。
b. Ａ社は発火の可能性があるとして、新商品のスマートフォンのリコールを決定した。

3) そもそも to begin with / originally

◆ 「話を最初からすると」「話題について原点に戻って考えると」という意味。

This means "To start the story from the beginning" or "If we consider this subject from its starting point."

a. 日本では「血液型がＡ型の人は真面目」などと言われたりする。他の国ではどうかと思って留学生に聞いてみると、そもそも自分の血液型を知らない人が多かった。
b. 最近新聞が売れなくなっていると言う。新聞を読まないだけではなく、そもそも、ニュースに関心がない人が増えているようだ。

4) WH／WH句／WH文（の）＋か＋と言うと　If I were to say WH is …
【話し言葉】【colloquial expression】

◆ 言い換えたり、具体的に例を出すなどして、詳しく説明する時に使う。「〜と」の代わりに「〜って」を使うことがある。

This expression is used when rephrasing something or giving a concrete example in order to explain in more detail. 〜と is sometimes replaced by 〜って.

a. 今の私の課題は<u>何かと言うと</u>、朝自分で起きられるようになることです。

b. 「幸せ」って<u>どういうことかって言うと</u>、お金があるとか、家が広いとか、そういうことではなく、結局は、自分が幸せだと思えるか、ということなんです。

c. 今世界で<u>何が起きているかと言うと</u>、格差の拡大です。　　　　　　（格差：disparity）

5) Vます＋かねない　could V

◆ V（悪い結果）になる可能性があるという意味。その後に、「やめた方がいい」「改善するべきだ」などの意見が続くことが多い。意味が似ている表現に「〜恐れがある」があるが、これは客観的に事実を伝える時に使われる。

This expression means that the event expressed by the verb in question could occur (with negative results). Opinions such as "you should avoid it," or "it needs to be improved" are often used after this expression. There is also another expression with a similar meaning, 〜恐れがある, but 〜恐れがある is used when objectively conveying facts.

a. 寝不足のままで車の運転をしたら、<u>事故を起こしかねない</u>。

b. 何も考えずに思ったことをそのまま SNS で発信すると、誰かを<u>傷付けかねない</u>。

6) Vます＋ { ようがない／ようもない }　there is no way to V

◆ どうしてもそうすることができない、方法がないからできないという意味。

This expression means that it is impossible to do something, or there is no way to do something, no matter what.

a. 私は彼のメールアドレスも電話番号も知らない。食事に誘いたくても、<u>誘いようがない</u>。

b. 子どものころからあこがれていた大学に合格した。合格通知を受け取った時の気持ちは、<u>忘れようもない</u>。

7) せっかく V た ⎫ ⎰ のだから　　having gone to the trouble of V
　　せっかくの N な ⎰ ⎱ のに　　　　even though it is N

【話し言葉】【colloquial expression】

◆　ある行為（普段あまりしないこと、機会が少ないこと）をした時、「～のだから」と
　　共に、その機会を生かしたいという気持ちを表す。「～のに」と共に使うと、その機会
　　を生かせなかった、期待通りの結果が得られなくて残念だという気持ちを表す。

　　After having done an action (that is not ordinarily performed or whose opportunity is
　　rare), this is used with ～のだから to express the speaker's feelings of wanting to make
　　use of the opportunity. If used with ～のに , it expresses the speaker's feelings of regret
　　about not having made use of the opportunity, or not having obtained the expected
　　results.

a. せっかく日本へ来たのだから、ぜひ、露天風呂に入ってみたい。

b. せっかく沖縄に行ったのに、ずっと天気が悪く、一度も青い海が見られなかった。

c. せっかくのゴールデンウイークなのに、私の大学は授業がある。

6

ポストタスク

I. 次のコメントシートを読み、どう思ったか、書かれている質問にどう答えたらい
　　いか、話し合おう。

コース名：環境研究	教員名：藤沼先生	日付：2023年4月10日
学籍番号：240903	名前：井上愛	

質問／コメント：

　今日の授業を聞いて、流通システムに問題があると感じましたが、私たち学生
はそのようなシステムを変えようがないと思います。「せっかく3分の1ルール
をクリアして、生産者から私たち消費者のところまで来た食べ物なのだから、無
駄にしないで食べる」ということしか私たちにはできないのではないでしょうか。
もっと他に何かできるのでしょうか。

ポスト
タスク

2. Ⅰ. のコメントシートに「もっと他（ほか）に何かできるのでしょうか」と書かれているが、食品ロスを減（へ）らすために、ある市では以下のような「ごみニュース」でさまざまな取り組（とく）みを紹介（しょうかい）している。現在、実際にどのような取り組（とく）みやサービスがあるだろうか。インターネットで①②③について調（しら）べてスライドを作成（さくせい）し、発表（はっぴょう）しよう。

①取（と）り組（く）み・サービスの名前　　②説明　　③良（よ）い点（てん）と問題点（てん）

10月は食品ロス削減月間です

食品ロスとは…

　本来食べられるのに廃棄されている食品をいいます。

　日本の家庭では年間約284万トンの食品ロスが発生しています。これは、国民1人あたり、1日に約132g（茶碗約1杯分のご飯の量に相当）の食品を廃棄しているという計算になります。

※平成29年度現在（農林水産省HPより）

食品ロス年間総量

事業者 328万トン　一般家庭 284万トン

1人あたり
約132g/日

食品ロス削減を意識して買い物をしましょう！

たとえば・・・

冷蔵庫の中身を整理整頓して、買い物前には中身をチェックしましょう。

買いすぎてしまいがちな特売品は、購入前に本当に必要かどうか考えてみましょう。

日常の中に備蓄食品を取り込む「ローリングストック法」で備蓄食品の廃棄をなくしましょう。

フードシェアリングサービスを活用して、飲食店が廃棄する予定の食品を安く手に入れましょう。

出典：東京都武蔵野市「武蔵野ごみニュース vol.25」

漢字の言葉

1. 次の言葉がわかるか確認しよう。

①持続可能　②賞味期限　③消費　④食糧

⑤廃棄　　　⑥資源　　　⑦対策　⑧削減

⑨競争　　　⑩需要　　　⑪流通　⑫密接

⑬汚染　　　⑭総合的　　⑮考察　⑯責任

⑰生産　　　⑱過程　　　⑲供給　⑳輸入

2. 次の文を読んで、お互いに質問しよう。

Q1　あなたの国や地域では、食品に賞味期限と消費期限の両方が書いてありますか。

Q2　「食品ロス」を減らすために、野菜や果物などの生産者はどのような取り組み
　　をすればいいと思いますか。

Q3　食品が製造される過程でも「食品ロス」が発生することがあります。例えば、
　　どのような食品が廃棄されていると思いますか。

Q4　食糧問題や資源問題を解決するために、私たちは今何をすべきだと思いますか。

Q5　あなたの国や地域で、生活に密接に関わる物で輸入に頼っている物はあります
　　か。

Q6　あなたの国や地域で、需要と供給のバランスが悪い物がありますか。

Q7　あなたの国や地域で、現在、最も対策が必要な環境汚染の問題は何ですか。

Q8　「持続可能な開発目標（SDGs）」の17の目標にはどんなものがあるか知って
　　いますか。

Q9　「責任ある21世紀の地球市民」として、今私たちが一番に取り組まなければ
　　ならないことは何だと思いますか。

漢字の
言葉

振り返り

1. この課を終えて、今、次のことがどのくらいできるか考えてみよう。

				よくできる	できる	もう一息
日本語	食品ロスの問題について自分の考えを話す	プレタスク		☺	☺	😐
	食品ロスについての記事を読み、要点を理解する	プレタスク		☺	☺	😐
	講義の動画を見て、要点を理解する	メインタスク		☺	☺	😐
	コメントシートを書く	メインタスク		☺	☺	😐
	他の人のコメントシートを読み、考えたことを話し合う	ポストタスク		☺	☺	😐
	食品ロスを減らす取り組みについて、調べてわかったことを発表する	ポストタスク		☺	☺	😐
	テーマに関する言葉や表現を使う			☺	☺	😐
考え方	食品ロスに関する問題について、多様な視点から考える			☺	☺	😐

2. この課を通して、どのようなことに気付いたり考えたりしたか書こう。

第**7**課　社会の中の「私」とは？

私たちは誰もが「社会」の中に生きている。
どんな時に自分が社会を作っている一人であることを感じるだろうか。
また、社会の一員として何ができるか考えてみよう。

プレタスク	自分の経験や考えを話す 動画を見る
メインタスク	発表を聞く 発表する
ポストタスク	発表について話し合う 調べたことについて話し合う

I.　どんな時に「地域や社会とつながっている」と思うか。お互いに話してみよう。

引っ越して1ヵ月くらいたったら、近所の人が私の顔を覚えてくれて、あいさつしてくれるようになって、うれしかった。

住んでいる町のお祭りやイベントに参加して手伝った時、ありがとうって言われた。知り合いが増えた。

被災地に行って、泥だらけになった家をきれいにするボランティアをした。本当に助かったと言われて、自分も誰かの役に立てるんだと思った。

大学の授業の課題で、近所の小学校の課外活動を手伝った。初めて子どもたちと触れ合ったけど、かわいかった。

課外活動：after-school activities　　触れ合う：to come in contact with

被災地：disaster-hit region　　　　　泥：mud

---

2. 社会の一員として、私たちは何をすればいいと思うか。どうすれば、社会に貢献_{こうけん}できるだろうか。次の《話す内容_{ないよう}と構成_{こうせい}》を参考_{さんこう}に、3つの点_{てん}について考えて、メモにまとめてから、お互_{たが}いに意見を出し合おう。話す時は、自分や他_{ほか}の人の経_{けい}験_{けん}などを例_{れい}に挙_あげて、具体的_{ぐたいてき}に話そう。

《話す内容_{ないよう}と構成_{こうせい}》

---

① これまでの自分の経験_{けいけん}や、見聞きした誰_{だれ}かの経験_{けいけん}

　　⇒　どこで、何に関_{かか}わったか。その時、何をしたか。

② その経験_{けいけん}を通して／聞いて、どのように感_{かん}じたか。

③ これから、社会とどのような関_{かか}わり方ができると思うか。

　　自分に何ができると思うか。

【メモの例_{れい}】

7

プレ
タスク

---

① 夏休みに、近所にある「野川」という川のゴミ拾いの活動に参加した。

川に入って遊べるかなという気楽な気持ちで。

暑い中 30 人くらいの大人や子どもが参加していた。

② ★何年もずっと活動をしている人がいてびっくりした。

★近所のおじいさんに「暑い中ありがとう」と言われ、

冷たいジュースももらった。

→遊びに来た気分だったから、ちょっと申し訳ない気持ち。

でも、うれしかった。また来たいと思った。

③ 野川は近所の人の散歩コース。子どももよく遊んでいる。

知らなかったけど、実は、そうじしてくれている人がいた。

見えない貢献

私もできると思った！

---

3. ある大学にはサービスラーニングという授業がある。この授業の説明によると、サービスラーニングとは「教育の知と現場でのサービス（ボランティア）経験を、振り返りを通して関連づける教育プログラム」である。この授業を受けた学生の動画を見て、次の点についてどう言っているか確認しよう。さらに、3人の話を聞いてどう思ったか、お互いに話してみよう。

1) 川尻健太さん ▶ 5

① 活動中にどのような問いが生まれたか。

② その問いに対して、出た答えは何だったか。

2) 米澤新大さん ▶ 6

① 何について一番学べたか。

② 何を通してそのことを学んだか。

③ 学んだことを何に生かしたいと思っているか。

3) 竹内菜々子さん ▶ 7

① メジャー（専攻）を何にしたいと思っているか。

② 今年の夏からどこに留学することにしたか。また、そう決めた理由は何か。

充実する：to be enriched, to become fulfilled　　生きがい：something to live for

理解を得る：to gain understanding　　軸：axis, center

進路：career choice　　メジャー（専攻）：major

開発：development　　発展途上国：developing countries

86

メインタスク

I. ある日本人学生が、高校生の時の体験を通して考えたことについて話している。

1) 動画を見て、次の点について聞き取れたか確認しよう。▶ 8

   ① この学生は、どこで何をしたか。

   ② なぜこのような体験をしようと思ったのか。

   ③ 体験が終わって、今、将来何をしたいと思っているか。それはなぜか。

2) この学生の経験と今考えていることについてどう思ったか、発表者が使ったスライドを参考にして話し合おう。

【発表のスライド】

スリランカで
見つけた答え

ID123456　森中 ゆう

1

きっかけ

・高校2年生のとき、スリランカで
2週間ボランティアを体験

・子どものときから留学生は
身近な存在だった

・外国との接点がある仕事を
したかった

2

ボランティア体験

➤ 幼稚園で
・子どもたちと遊び、教える
・幼稚園の壁の修理

➤ 子どもたち
・かわいい
・人懐こい
・大人のよう

3

さまざまな人と交流

・各国から来たボランティア

・現地スタッフの人

・地元の人

➡ 多くの刺激　➡ 何を学んだのか

4

将来したいこと

➤ 日本の若者が外国でボランティア活動ができるように
サポートしたい

大切なこと:
・学生だからこそ見えるものがある
・外から日本を見る、日本のことを考える
・自分のことを見つめ直す
・「当たり前」のことが
「当たり前」ではないことを知る

5

ありがとうございました！

6

2. あなたは、これからどのような形で社会に関わっていきたいと思うか。どのような仕事に就いたり、どのようなことに携わりたいと思っているか。興味のある活動や仕事について調べて、スライドにまとめ、5分程度の発表をしよう。

1) まずアウトラインを考えよう。

興味のある活動や仕事：

① その活動や仕事はどのようなものか。

② なぜその活動や仕事に興味を持ったのか。

③ その活動や仕事を通してどのような貢献をしたいか。

---

2) スライドの構成も考えよう。

スライド1
タイトル

名前

スライド2
興味がある活動や仕事の説明

スライド3
きっかけ・理由

スライド4
どのような貢献がしたいか（1）

スライド5
どのような貢献がしたいか（2）

スライド6

写真や資料の出典
「ありがとうございました」　など

文型・表現

1) S(p) ＋ こともあって／こともあり　in part because S(p)

◆ いくつかある理由・背景のうちの、一つを示す。

This expression indicates one of the several reasons or background factors behind something.

> N という／ AN な＋ こともあって
> N ／ AN だ＋ ということもあって

a. 祖父はもうすぐ85歳になることもあって、車の運転をやめることにしたそうだ。

b. 日曜日ということもあり、映画館は非常に混んでいた。

c. このアパートは駅から近くて便利なこともあって、とても人気がある。

2) ただ　that said, however

◆ 前に述べたことについて、条件や補足説明などを付け加える時に使う。

This expression is used to add conditions or additional explanations, etc., to what has been stated previously.

a. あの店のパンはとてもおいしい。ただ、ちょっと高いと思う。

b. 金持ちが幸せだと言うわけではない。ただ、お金はあった方がいいと思う。

3) なかなか　(not) ~ easily/quite ~

◆ 「なかなか〜ない」の形で、簡単には実現しない、実現するのに時間がかかる、という意味。また、「なかなか〜」で、状態や性質が「予想より〜だ」という意味を表す。

In the form なかなか〜ない, this expression indicates that something cannot be realized easily or is very time-consuming to realize. In addition, なかなか〜 can express the meaning that certain conditions or qualities are "more ~ than expected."

a. 祖母がスマートフォンがほしいと言うのでプレゼントしたが、何度説明しても、なかなか使えるようにならない。

b. 子どものころから、いつか日本に行ってみたいと思っていたが、なかなかその機会がないまま、社会人になってしまった。

c. この問題はなかなか難しい。

文型・表現

4) 強調したい時に使う表現　Expressions used to emphasize something

① N（で）さえ　even N

◆ 「N（で）さえ」で、「N」を例に出して、「Nがそうなのだから、他のものももちろんそうだ」と言いたい時に使う。

The N in N（で）さえ is an example, and the expression is used when stating "even N is like this, so the same will of course also be true of the others."

- a. 「山」という漢字は、小学校1年生の子ども（で）さえ書ける。
- b. 事故のせいで、彼は自分の名前さえ忘れてしまった。

② V(p)／N＋くらい／ぐらい　At the very least V(p)/N
【話し言葉】【colloquial expression】

◆ 「少なくとも、最低でも（例文a, b）」「～だけだ（例文c）」という意味を表す。

【注意】「私は立ち上がれないくらいおなかがすいていた」の「くらい」とは違う意味。

This expresses the meaning of "at the very least, at a minimum" (as in Example Sentences a and b), or "only ~" (as in Example Sentence c).

NOTE: It has a different meaning to the くらい in 私は立ち上がれないくらいおなかがすいていた.

- a. どんなに忙しくても、メールに返事するくらいできるでしょう。
- b. 私は料理は下手ですが、目玉焼きくらい作れます。
- c. 今回のテストで100点取れるのは、彼ぐらいだと思う。

③ Vる／Aい／ANな／N＋どころか
Let alone V/N, Let alone being A/AN, Far from Ving/N, Far from being A/AN

◆ 例文a, bのように、後ろに否定の表現が来る場合は、「XどころかYも」などの形で使われ、Xよりもっと簡単だったり、当然だったりするものをYに挙げ、話し手または聞き手の想定を否定するのに用いる。

また、例文c, dのように、後ろに肯定の表現が来る場合は、Xという想定を否定して、実際はもっと程度が上のYであるという意味になる。

As shown in Example Sentences a and b, when this expression is followed by a negative expression, it takes the form X どころか Y も, where Y is an example of something that is easier or more straightforward than X. It contradicts the expectation of the listener or speaker.

In addition, as shown in Example Sentences c and d, when this expression is followed by an affirmative expression, it contradicts the expectation in X and indicates that the actual situation is Y, which is better/more than expected.

a. 山田さんは出張で地元に帰ったが、忙しくて友達に会うどころか、家族にも会えなかった。

b. 木村さんは、かばんどころか財布も持ち歩かない。

c. ゲームをする時間は、大人になってから減るどころか、さらに増えてしまっている。

d. 友達に「この店のケーキ、悪くないよ」と教えてもらったが、悪くないどころか、すごくおいしかった。

7

ポストタスク

1. メインタスクで聞いた発表の中から興味を持ったものについて、次の点を話し合おう。

1) その活動や仕事はどのようなものだったか。

2) その活動や仕事について、どう思うか。どのような意義があると思うか。

3) その活動や仕事に問題点や課題があるとすれば何か。それを解決するには、どうすればいいだろうか。

2. 次の点についても話してみよう。

1) あなたは、いつごろ自分の進路について考え始めたか。何かきっかけはあったか。

2) 日本では学生はどのように仕事を探すのだろうか。インターネットで「就職活動」という言葉で検索してわかったことを報告し、話し合おう。

3) 学生が起業したり、NPOなどを立ち上げたりしている例について調べてみよう。このような取り組みについてどう思うか、話し合おう。

漢字の言葉

1. 次の言葉がわかるか確認しよう。

①一員　②課題　③触れ合う　④貢献

⑤関わる　⑥専攻　⑦充実　⑧得る

⑨進路　⑩開発　⑪発展途上国　⑫接点

⑬交流　⑭刺激　⑮現状　⑯携わる

⑰意義　⑱解決　⑲就職　⑳起業

2. 次の文を読んで、お互いに質問しよう。

Q1　充実した大学生活を送るために大切なことは、何だと思いますか。

Q2　大学のクラブやサークルなどで、メンバー同士の交流を活性化し、みんなの協力を得るためには、どんなことをしたらいいと思いますか。

Q3　ボランティア活動をすることには、どのような意義があると思いますか。

Q4　卒業後の進路や就職先は、大学での専攻で学んだことと関係があった方がいいと思いますか。

Q5　将来の選択について考える時、他の人の行動や考え方に刺激を受けたことはありますか。

Q6　将来携わりたい仕事や関わりたい活動は、子どものころに興味を持っていたことと何か関係がありますか。

Q7　子どものころから多様な背景を持つ人々と接点を持ち触れ合うことは、その人の将来にどのような影響を与えると思いますか。

Q8　大学生も社会の一員として、社会にどのような貢献ができると思いますか。

Q9　発展途上国が抱える課題を理解し、どうしたら解決できるかを考えるために、私たちはまず何を学ぶべきだと思いますか。

振り返り

1. この課を終えて、今、次のことがどのくらいできるか考えてみよう。

			でよく きる	できる	もう一息
日本語	例を挙げて、自分の考えを具体的に話す	プレタスク	☺	☺	😐
	学生が体験を通して考えたことを話す動画を見て、要点を理解する	プレタスク	☺	☺	😐
	学生が体験を通して考えたことについての発表を聞き、要点を理解する	メインタスク	☺	☺	😐
	興味がある活動や仕事についてスライドにまとめ、発表する	メインタスク	☺	☺	😐
	他の人の発表を聞いて、考えたことを話し合う	ポストタスク	☺	☺	😐
	活動や仕事、就職に関することについて調べ、話し合う	ポストタスク	☺	☺	😐
	テーマに関する言葉や表現を使う		☺	☺	😐
考え方	社会を作る一員として、自分たちにできることは何かを考える		☺	☺	😐

2. この課を通して、どのようなことに気付いたり考えたりしたか書こう。

プロジェクト

第1課から第7課の内容で興味があるものを選び、それに関係のあるテーマを決めて、日本語でインタビューをして情報を集めよう。集めた情報と自分の考えをまとめて発表し、レポートを書こう。

目標

1. テーマを決めて、自分なりの仮説（hypothesis）を立てることができる。
2. 必要な情報を集めることができる。
3. 集めた情報と、自分の考えを比較し分析することができる。
4. 調査、発表、レポート作成を通して、アカデミックな日本語のスキルを身につける。

進め方

1. 選んだ課の内容に関係があることで、テーマ／問い（research question）を決める。
2. 決めたテーマについて、どのような結果になるか仮説を立てる。
3. インタビューの質問を準備する。
4. 日本語話者10名程度に日本語でインタビューする。

   ※メールやSNSなどのメッセージで質問をするのではなく、直接話すこと。
5. 調べてわかったことを分析し、自分がこれまで考えていたことや、持っていた視点とどう違うのか、比較する。
6. 自分の意見をまとめ、スライドを作り、発表する（10分以内）。
7. レポートを書く（2,000字程度）。

ここでは、第4課の内容に関連したテーマでプロジェクトを実施した例を紹介する。他の課の内容に関連のあるテーマで実施する場合も同様にするとよい。

I. プロジェクトの計画の例

テーマ／問い	日本人が考える「幸せ」の意味とは何か
このテーマ／ 問いを選んだ理由	日本人の友達が、お菓子を食べている時などに、よく「幸せ〜」と言っていることに気付いた。私の国では、そのような日常的な場面であまり言わないと思ったので、何が「幸せ」なのか、「幸せ」の意味が国や文化などによって違うのか気になった。
どのような人に インタビューするか	・日本人の大学生 ・すでに退職している高齢者 ・男女どちらでもよい
どのような質問をするか	質問は2つぐらいにして、その答えについて、詳しく聞く。 Q1. あなたにとって「幸せ」という言葉の意味は何ですか。 　→ 答えられない人がいたら、「幸せ」という言葉を聞いた時、何を思い浮かべるか聞く。 Q2. 幸せになるために、やりたいことは何ですか。
仮説	年代に関係なく、「幸せ」という言葉を「いい」「楽しい」「うれしい」というような軽い意味で使っている。

※インタビューをする時に注意すること

・どんな質問をするか、どんな順番で聞けば答えやすいか考えよう。

・もし、その質問に対して、「わからない」「知らない」と言われてしまった場合や、答えがもらえなかった場合はどうするか、代わりにどのように聞くか考えておこう。

・質問は多くならないように注意しよう。

2. 発表とレポートの構成の例

①～⑤は、インタビューをする前に書き、⑥～⑨はインタビューが終わった後書こう。

序論（はじめに）	①レポートのテーマ	日本人が考える「幸せ」の意味とは
	②背景情報（このテーマに興味を持ったきっかけ、テーマを選んだ理由）	日本人がよく「幸せ」と言うのを聞くが、自分の国の人はそんなに happy と言わないと思うので、「幸せ」の意味が違うのか、気になった。
	③何について知りたい、理解したいと思っているか	日本人がどのような意味で「幸せ」という言葉を使っているか。
本論（調査の概要・調査の結果・考察）	④何がわかると思うか（仮説とその理由、どんな答えを期待しているか）	年代に関係なく「いい」「楽しい」「うれしい」などのような軽い意味で使っているのではないか。（日常的なことにもよく使うので）
	⑤どのように調べるか（誰に、どのような方法で聞くか）	日本人の大学生と高齢者に会ってインタビューをする。
	⑥調査の結果（何がわかったか）	質問 1「幸せ」という言葉の意味 ・「人としてより良く生きること」という意味で使われている。 ・年代による違いがない。 質問2「幸せ」になるためにやりたいこと ・現実的なこと、自由があること ・年代による違いがある。
	⑦考察（仮説の検証、結果の分析）	・言葉の意味は年代に関係がない。やりたいことは、年代による違いがある。 　→仮説は一部正しかった。 ・学生は周囲とのつながりが大切で、高齢者には自分のペースでできることが大切なようだ。
結論（おわりに）	⑧考えたこと・学んだこと（調べてわかったことと、これまでの自分の考えを比較して気付いたこと・考えたこと）	・「幸せ」という言葉の意味と、「幸せになるためにしたいこと」の距離は、年代によって違う。
	⑨このレポートの意義、今後の課題	今後は、国や地域が違う人に対しても調査をし、文化による影響があるのか調べてみたい。

プロジェクト

3. 発表で使うスライドの例

※スライドを作る時に注意すること

① 文字は見やすい大きさ・色にする。
② タイトルや文は普通体で書く。
③ 読みやすいように文は短くする。
④ 難しい言葉を使っている場合、簡単な
　説明（英語の訳など）をつける。

日本人が考える「幸せ」の意味とは

ウー・ヒヨン

1

きっかけ

・日本人の友達はよく「あー、幸せ」と
　言う。
・私の育った国ではあまり happy の
　意味の言葉を使わない。
➡意味が違うのかもしれない。
　「幸せ」の意味をどう考えているのか
　調査したい。

2

仮説

・日本人は年代に関係なく「幸せ」を
　「いい」「楽しい」「うれしい」
　というような軽い意味で使っている。

3

調査方法

・対象者：日本人 14 名
　　　　　（大学生 7 名、高齢者 7 名）
・方　法：直接会って、インタビューする

4

質問

1. あなたにとって「幸せ」という言葉の
　意味は何か。

2.「幸せ」になるために、やりたいことは
　何か（2 つ挙げる）。

5

調査結果 1

表1：「幸せ」という言葉の意味

回答（内容を分類したもの）	大学生	高齢者
①独立して自分でやりたいこと（趣味・仕事など）ができること	2	2
②家族や友達がいること／一緒に過ごせること	2	2
③社会とつながっていられること	2	1
④毎日が楽しいこと	1	1
⑤後悔しないこと	0	1

独立（どくりつ）：self-support、後悔（こうかい）：regret

6

調査結果 1

「幸せ」という言葉の意味

・軽い意味ではない
・「人としてより良く生きること」
・年代による違いはない

7

調査結果2

表2：「幸せ」になるためにやりたいこと

回答（内容を分類したもの）	大学生	高齢者
①金持ちになる	3	0
②周りの人を幸せにする	3	0
③おいしいものを食べる	2	2
④勉強する、新しいことを学ぶ	2	2
⑤家族・友達と楽しく過ごす	2	1
⑥仕事をする	2	0
⑦趣味を楽しむ	0	4
⑧毎日やりたいことをやる	0	3
⑨世界を見る、旅行に行く	0	2

8

調査結果2

「幸せ」になるためにやりたいこと

大学生：現実的なこと
高齢者：自由があること

9

考察

・「幸せ」の言葉の意味：
　年代に関係なく、軽い意味で
　使われているわけではない。

・「幸せ」になるためにやりたいこと：
　年代による違いがある

➡仮説は一部正しかった

10

考察：学生について

「幸せ」という言葉の意味：
　経済的なことは含まれていない

「幸せ」になるために：

やりたいことをするためには経済力が必要

・「金持になること」が必要

・「社会とつながっていること」
　「周りの人を幸せにすること」が必要

つながる：connect, link

11

考察：高齢者について

　幸せであるために
　大切なキーワード：

　　「ゆっくり」
　　「急がずに」
　　「自分で決めて」
　　「自分の力で」

12

興味深い点

「幸せ」の意味と
そのためにやりたいことの回答

・学生：少し距離がある
・高齢者：つながっている

13

今後の課題

対象者を広げて実施したい
・人数
・異なる文化背景を持つ人

14

ありがとうございました。

15

プロジェクト

4. レポートの例

日本人が考える「幸せ」の意味とは

ウー・ヒヨン

1. はじめに

　私は留学生として日本へ来て半年になる。日本人の友人と一緒に食事をしたり、遊びに出かけたりするようになり、「幸せ」という言葉をよく耳にすることに気付いた。美しい景色を見た時、おいしいお菓子を食べている時などに、日本人の友人はすぐ「あー、幸せ」と言うのだ。なぜこれほど簡単に「幸せ」という言葉を使うのか、英語の happy とは意味が違うのか知りたいと思った。そこで、日本人が「幸せ」という言葉の意味について、どう考えているのか調査することにした。

2. 調査の概要

　私のこれまでの経験では、日本では非常に身近で日常的なことに対して「幸せ」という言葉を使っている人が多かったことから、日本人にとって「幸せ」という言葉は、年代に関係なく、「いい」「楽しい」「うれしい」と同じような軽い意味で使われているという仮説を立てた。

　仮説を検証するために、大学の日本人の友人7名と、すでに退職している高齢者7名を対象にインタビューを行った。高齢者も対象にしたのは、私が普段交流しない年代の日本人も、若い学生と同じ考えを持っているのか知りたかったからだ。

　14名に直接会って、「あなたにとって『幸せ』という言葉の意味は何ですか」という質問をした。まずは言葉の意味をどう考えているのか知りたいと思ったからだ。回答が得にくい場合は「幸せ」という言葉を聞いた時に何をイメージするか聞くことにした。次に、「『幸せ』になるためにやりたいことは何か」という具体的な質問をした。

　回答は選択肢を示さず、自由に話してもらう方法を用いた。協力者から許可を得て、インタビューの内容は全て録音した。

3. 調査の結果

3-1. 「幸せ」という言葉の意味

　自由に話す方法だったため、回答の際に使用された表現はさまざまだったが、回答の中で使われたキーワードを手掛かりに、次の5つに分類した。①「独立して自分でやりたいこと（趣味・仕事など）ができること」②「家族や友達がいること／一緒に過ごせること」③「社会とつながっていられること」④「毎日が楽しいこと」⑤「後悔しないこと」である。

　大学生と高齢者に分けて見ると、大学生は①②③が2名ずつで、④が1名だった。高齢者は、①②が2名、③④⑤が1名で、年代による特徴は見られなかった。大学生も高齢者も、「幸せ」という言葉を軽い意味ではなく、「人としてよりよく生きること」という意味で捉えていることがわかった（表1）。

表1　「幸せ」という言葉の意味

回答（内容を分類したもの）	大学生	高齢者
①独立して自分でやりたいこと（趣味・仕事など）ができること	2	2
②家族や友達がいること／一緒に過ごせること	2	2
③社会とつながっていられること	2	1
④毎日が楽しいこと	1	1
⑤後悔しないこと	0	1

3-2. 「幸せ」になるためにやりたいこと

　次に、「幸せ」になるために何がしたいか、2つ挙げるよう求めた。それに対して①「金持ちになる」②「周りの人を幸せにする」③「おいしいものを食べる」④「勉強する、新しいことを学ぶ」⑤「家族・友達と楽しく過ごす」⑥「仕事をする」⑦「趣味を楽しむ」⑧「毎日やりたいことをやる」⑨「世界を見る、旅行に行く」という回答があった。

プロジェクト

101

表2 「幸せ」になるためにやりたいこと

回答（内容を分類したもの）	大学生	高齢者
①金持ちになる	3	0
②周りの人を幸せにする	3	0
③おいしいものを食べる	2	2
④勉強する、新しいことを学ぶ	2	2
⑤家族・友達と楽しく過ごす	2	1
⑥仕事をする	2	0
⑦趣味を楽しむ	0	4
⑧毎日やりたいことをやる	0	3
⑨世界を見る、旅行に行く	0	2

　この回答については、年代間で差が見られた（表2）。大学生の回答は、①②が3名、③④⑤⑥が2名、⑦⑧⑨が0名だったのに対し、高齢者の回答は⑦が4名で最も多く、続いて⑧が3名、③④⑨が2名、⑤が1名であった。この結果から、学生は日々の現実的なことが「幸せ」につながっていると考えている傾向が見られるのに対して、高齢者は、自分の好きなことが楽しめる「自由」があることが「幸せ」だと感じる傾向が見られた。

4．考察

　以上見てきたように、「幸せ」の言葉の意味は年代に関係なく、軽い意味で使われているわけではないが、「幸せ」になるためにやりたいことについては、年代による違いがあることが明らかになった。つまり、仮説は一部正しかったと言えよう。

　分析している中で、回答者が考える「幸せ」という言葉の意味に、経済的なことは含まれていないにもかかわらず、学生は「幸せになるためにやりたいこと」には「金持ちになる」が挙げられていることに気付いた。理想

と現実の違いが回答に表れているようで面白いと思ったが、実は、表１の①にあるように独立して自分でやりたいことをするためにはお金が必要なので、「金持ちになる」という回答につながったのかもしれない。一方で、自分自身のことだけでなく、幸せになるためには「社会とつながっていること」や「周りの人を幸せにすること」が大切だと考えている学生もいることがわかった。

　また、高齢者が「やりたいこと」について話す時、多く使われている言葉があることにも気付いた。それは「ゆっくり」「急がずに」「自分で決めて」「自分の力で」だった。何をするにも、自分のペースで自分でできること、それが「幸せ」であるために大切なようだ。

5.　おわりに

　「幸せ」という言葉が持つ意味やその言葉から思い浮かべることと、「幸せになるために何がやりたいか」と聞かれた時に考えることとの間には、学生の場合は少し距離があるように感じたが、高齢者の場合はつながりがあることがわかり、興味深かった。

　今回の調査は、限られた人数を対象にしたもので、インタビューの対象者も、若者は筆者と同じ大学に通う友人であり、高齢者も友人の知人であることから、背景に少し偏りがあると言える。次に調査する機会があれば、人数を増やし、さまざまな背景の人を対象にしたい。また、今回は日本人のみを対象としたが、他の国の人を対象に同様のインタビューを実施し、国や文化によってどのような違いがあるのかについても明らかにしたい。

（2224 字）

5. 役に立つ表現

1) インタビューをする時に使える表現

日本語でインタビューをする時、次のような表現を使ってみよう。

① インタビューを頼む時

「今日本語のクラスのプロジェクトワークで、○○について調べているんですが、少し質問に答えていただけますか。」

② 質問を始める時

「ではこれから質問させていただきます。よろしくお願いいたします。」

③ あいづち

はい／ええ／そうですか／そうですね／そうなんですか／そうなんですね

④ もう一度聞きたい時／相手の言ったことがわからなかった時

「申し訳ありませんが、もう一度言っていただけますか。」

「すみません。○○というのは、何のことですか。／どういう意味ですか。」

⑤ さらに聞きたい時

「そのことについて、もう少し詳しく／具体的に説明していただけますか。」

「それは、例えばどういうことでしょうか。」

⑥ 最後に

「以上で、質問は終わりです。ご協力、ありがとうございました。」

2) レポートを書く時に使える表現

日本語でレポートを書く時、次のような表現を使ってみよう。

① テーマの紹介、テーマを選んだ理由などについて書く時

・私は___[理由]___ため、___[テーマ]___に興味を持つようになった。

___[テーマ]___について知りたいと思った。

そこで、___[テーマ]___について調査する／調べてみることにした。

② **仮説について書く時**

・_____[理由]_____ ことから、_____[仮説]_____ という仮説を立てた。

・_____[仮説]_____ という仮説を立てた。それは、_____[理由]_____（だ）からだ。

・私の経験では／_____[情報源]_____ によると、_____[情報]_____（だ）そうだ。
  したがって_____[仮説]_____ という仮説を立てた。

③ **調査結果について書く時**

 a. データを説明する

・_____[質問内容]_____ と／について聞いたところ、_____[回答]_____ という回答
  があった。

・_____[回答]_____ という回答は_____[数値：○人、○％など]_____ で、
  _____[データの説明：例）最も多かった、全体の20％だった など]_____。

・次いで_____[他の回答とその数値]_____ となっていた。

・また、_____[他の回答とその数値]_____ という結果であった。

 b. データを比較して説明する

・_____[一つの結果]_____。一方／しかし／ところが／反対に／これに対して、
  _____[もう一つの結果]_____。

・（〜と）同様に／〜と同じく／〜と同じように…

・_____[データ1]_____ が／は_____[データ2]_____ を上回っている／下回っている。

 c. データを分析・考察する

・_____[データ]_____ から、_____[わかったこと：例）〜の方が人気がある、
  〜が支持されている]_____ ということがわかった／明らかになった。

・_____ここ／このこと／[データ]_____ から、_____[考えたこと]_____ という傾
  向があると言える／言えよう。

・このことは、_____[考えたこと]_____ ということを表している。

・_____[データ]_____ から、_____[考えたこと]_____ が、この点については今後さ
  らに分析が必要である。

d. 調査の簡単なまとめを書く

・以上見てきたように／以上のように／今回の調査の結果から／

　インタビュー／アンケートの結果から、仮説どおり／予想と違って、

　　　　　　［結果の簡単な要約］　　　　ということがわかった／明らかになった。

・つまり、　　　　［結果の簡単な要約］　　　　と言えよう。

④　まとめを書く時

・今回インタビューして、○○について考えるようになった。

・今回のレポートは○○の点で新しい発見があった。

・今回の調査では○○については調べることができなかった。／本稿では○○

　について明らかにすることができなかった。今後の課題としたい。

・今後、○○は〜のではないだろうか／〜ていくと思われる。

6. 振り返り

プロジェクトを終えて、次のことがどのくらいできたか考えてみよう。

1) 発表

		よくできる	できる	もう一息
内容1	・調査の目的、調査方法と対象、調査の課題・仮説、インタビューの質問内容、調査の結果の説明が十分か	☺	☺	😐
内容2	・データの分析が十分か ・調査結果に対する考察が適切か ・結論が調査結果に基づいているか	☺	☺	😐
日本語	・発表に適した言葉や表現が使えているか、正確か ・レベルに合った語彙や表現が使えているか	☺	☺	😐
スライド	・スライドの内容は発表の内容と合っているか ・見る人にわかりやすいか、見やすいか ・間違った字や情報がないか、言葉は適切か	☺	☺	😐
話し方	・声の大きさ・目線・スピード・発音・態度などが適切か ・時間配分が適切か	☺	☺	😐
Q&A	・質問を理解し、答えられたか ・他の人の発表を聞き、コメントや質問ができたか	☺	☺	😐

プロジェクト

2) レポート

		よくできる	できる	もう一息
内容1	**「はじめに」** ・なぜそのテーマを選んだかが書かれているか ・何について明らかにしたいかが書かれているか	☺	☺	😐
内容2	**「調査の概要」と「調査の結果」** ・仮説、調査の方法がわかりやすく書かれているか ・インタビューの内容と結果が書かれているか	☺	☺	😐
内容3	**「考察」「おわりに」** ・仮説を検証した結果が書かれているか ・結果を分析してわかったことと自分の意見が書かれているか ・最後にレポートの要点が書かれているか	☺	☺	😐
日本語	・レベルに合った言葉や表現が使えているか ・レポートに合った書き言葉が使えているか ・正しい日本語が使えているか	☺	☺	😐
形式・文字	・指示通りの書式で書かれているか ・構成が「はじめに→調査の概要、結果、考察→おわりに」になっているか ・文字は正しく使えて／タイプできているか ・長さは十分か	☺	☺	😐

著者　国際基督教大学　教養学部　日本語教育課程

執筆者 (アルファベット順)
相場いぶき
藤本恭子
萩原章子
金山泰子
西野藍
尾崎久美子 (中級 3 主担当)
小澤伊久美
澁川晶　　(中級 3 主担当)

協力　尾崎菜々子 (立教女学院)　川尻健太　澁川実結　深大寺　竹内菜々子
　　　　藤沼良典 (国際基督教大学)　吉田太郎 (東洋英和女学院)　米澤新大
　　　　学校法人立教女学院

イラスト　Creative 0 株式会社　尾崎久美子 p.17, p.19. p.20

装丁・本文デザイン　梅津由子

写真提供
　社会福祉法人日本介助犬協会 p.1 (左)　　　吉田太郎 p.7
　PIXTA p.1 (右), p.15 (右), p.43, p.71, p.73, p.74

タスクベースで学ぶ日本語　中級 3
Task-Based Learning Japanese for College Students

2023 年 5 月 29 日　初版第 1 刷発行
2024 年 5 月 28 日　第 2 刷 発 行

著　者　国際基督教大学　教養学部　日本語教育課程
発行者　藤嵜政子
発　行　株式会社スリーエーネットワーク
　　　　〒102-0083　東京都千代田区麹町 3 丁目 4 番
　　　　　　　　　　トラスティ麹町ビル 2F
　　　　電話　営業　03 (5275) 2722
　　　　　　　編集　03 (5275) 2725
　　　　https://www.3anet.co.jp/
印　刷　萩原印刷株式会社

ISBN978-4-88319-920-4　C0081